教育无非服务

大夏书系·教育常识

姚跃林——著

我相信，
教育服务自有一种高贵的样子

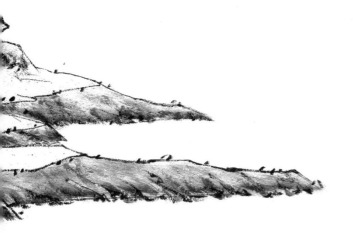

 华东师范大学出版社
ECNUP
全国百佳图书出版单位

自 序
服务是我们的教育哲学

"教育无非服务"是我们的教育哲学观，是我们的核心教育理念。我曾在《办一所学生喜欢的学校》一文中说："学校因学生而存在，有学生学校就有价值。没有'优质生源'，也许难有好的升学成绩，但完全可以建成好学校。关键在教师。我们确立了'培育和提升一流的教育服务品质，用合适的教育办学生喜欢的学校'的办学思路，将师资作为'服务品质'的核心，视'一流教育服务品质'为最高质量。真心服务学生成长，办学生喜欢的学校。这既是我们的理想，也是切合实际的发展路径。"（载于《人民教育》2015年第7期）"真心服务学生成长，办学生喜欢的学校"始终是厦大附中的立校之本。"教育的本质就是立德树人。而面向本质的学校教育就是要全面服务于人的成长，它的基本功能就是服务。"[引自拙作《教育无非服务——我的教育行动指南》，载于《福建教育》（中学）2015年第4期]

本书分为"服务即信仰""服务即陪伴""服务即幸福"三编，表面上看各有侧重，但其实质本无区别。

"教育无非服务，服务是一种信仰"，这是我们的一种办学主张。信仰是指对某人或某种主张、主义、宗教极度相信和尊敬，拿来作为自己行动的榜样或指南。为什么说"服务即信仰"？是因为我觉得"教育服务"应当是"无条件"的、无怨无悔的、无所谓回报的，甚至是与"有偿"格格不入的。所以我不赞成将教育列入一般服务业。如果用做生意的思路办教育兴学校，我们培养出来的人难免会有问题。既然说是信仰，服务的意识就应当刻进骨髓。如果进了骨髓，就有了自觉，就能一以贯之；没进骨髓还需要经常提醒。思路决定出路。从思维的定式中可以窥见信仰。如果将服务好学生作为坚定的教育信仰，我们就会选择有利于学生发展的办法，否则我们就会自然而然地选择便于自己管理的办法。服务不是迎合，服务也有底线，服务不等于大包大揽，因此要不断提升服务水平、服务能力和服务品质。我相信，教育服务自有一种高贵的样子。

"服务即陪伴"是因为我认为最好的教育就是陪伴。教育即陪伴，陪伴即教育，这在家庭教育中无须证伪。至于学校教育，自有学校以来，无论方式方法如何演进，总是离不开人。人只能在人中间成长，人的教育只能靠人完成。如果有一天人工智能足可取代教师，那只能证明"人"离末日不远了。也许"两足无毛直立行走"的这个物种还在，但其实已经不是"人"了。另一种情形也应当警惕，有一派崇尚"民主与科学"的人，认为只要通过"民主"建立了一套"科学"的管理方法，就可以让学生教育学生、自己教育自己，甚至让机器和"方法"教育孩子。一位中小学老师或校长，一年有三分之二甚至更多的时间"游走江湖"，他还能对校园、课堂、教师、学生保持足以使教育正确进行的熟悉程度是不可能的。这是常识！教育存在于师生相伴中，立足课堂方成名师。"教师生活在学生中"也是我们的教育主张之一。"教育服务品质"的核心目标是师生共同营造和美的人际关系，而和美的人际关系是我们最重要的教育力量。"教师生活在学生中"不能简单地理解为把教师圈在学校里，而是更强调师生间情感、精神、灵魂的融合。我们希望校园里的每一个角落都成为课程所在，希望每一个瞬间都是教育进行时。

"服务即幸福"这是更高的境界，这是伟大母亲的境界。一位年轻女性经历十月怀胎和分娩的巨大痛苦后，看到一个新生命躺在自己怀里吮吸着尚不丰足的乳汁时，她感到的是一种幸福，她体会到幸福和痛苦是一体的。一位耄耋之年的老母亲还能为同样年迈的儿女做一顿并不可口的饭菜时，她满眼都是幸福。所有伟大的老师都是"母亲"。马克思说："在选择职业时，我们应该遵循的主要指针是人类的幸福和我们自身的完美。不应认为，这两种利益是敌对的，互相冲突的，一种利益必须消灭另一种的；人类的天性本身就是这样的：人们只有为同时代人的完美、为他们的幸福而工作，才能使自己也达到完美。"服务是我们的工作性质，某种程度而言我们无法改变。如果在服务中找不到幸福快乐，那就意味着享受不到职业幸福，也很难取得职业成就。因此可以说，"服务即幸福"是必然的也是必须的。这也是从一个角度诠释"劳动是幸福的，奋斗是幸福的"这一永恒命题。

　　脑海里反复回放这些故事，我确信它们体现了"服务即信仰""服务即陪伴""服务即幸福"，从而证明了"教育无非服务"的观点。当然，这里有个前提，即这些故事发生在我们的校园，这些主张是我们的教育主张。我们丝毫没有贩卖理论的企图，只想告诉大家我们是这样做的。"理论是灰色的，唯生命之树常青。"这些故事都是关于生命的故事，祈盼同行读者能从中体悟到教育行者的幸福快乐！

目　录

上　编
服务即信仰

中　编

服务即陪伴

下　编

服务即幸福

—上编—

服务即信仰

如果将服务好学生作为坚定的教育信仰，我们就会选择有利于学生发展的办法，否则我们就会自然而然地选择便于自己管理的办法。

　　服务有没有成为一种教育信仰，是一眼即可洞穿的。

服务
是一种信仰

信仰是指对某人或某种主张、主义、宗教极度相信和尊敬，拿来作为自己行动的榜样或指南。教育无非服务就是我的行动指南，我有专文阐述，也写过很多相关的校园故事。厦大附中的行政楼墙壁文化只有三处。三楼：培育一流的教育服务品质，用合适的教育办学生喜欢的学校。四楼：干部服务群众，行政服务教学，全校服务课堂，全员服务学生。五楼：教育无非服务，服务是一种信仰。它们的共同主题是：服务。既然说是信仰，服务的意识就应当刻进骨髓。如果进了骨髓，就有了自觉，就能一以贯之；没进骨髓还需要经常提醒。

上月底，学代会召开之前，有学生在提案中提到周日中午食堂就餐拥挤的问题，希望学校解决。因为周日中午到晚自习期间学校向家长开放，探访的家长很多，挤占了餐位。学校食堂本来可以满足2000人同时就餐，实际可以满足3000人陆续就餐。而周末初中生不在校，在校高中生通常不到1500人，按理说不存在拥挤的问题。但因为家长就餐后并不立即离开，座位腾不出来，后来的人坐不进去。更重要的原因是绝大多数探访的家人都是两位以上，加之占用空座，餐位利用率降低。今天午餐，我去食堂已经很迟，离开饭时间已过了一个半小时，餐厅还是人头攒动。我观察到，往往一家就占了一个餐桌。刚才晚餐，坐在我前几排的一家人：爸爸妈妈爷爷奶奶妹妹，加上学生共六人，占用了八个座位。就在我吃晚饭时，高三的罗同学过来向我反映周日中午就餐拥挤的问题。他反映了有学生提前拿书本过来占座的不良现象，他很纠结要不要效仿。他说为了避高峰，他让家长晚上到校。我肯定了他的做法。我告诉他，提前用书本占座的办法不可取，学校会重视此问题。

在研究学生提案的时候，有同事提出采取适度限制家长探访的办法，譬如两周或更长时间探访一次。不少同事也赞同。我谈了自己的看法。由于我们面向全市招生，学生不能每周回家，只能采取放月假的方式。这是我们的一个优势，同时也是我们的劣势。转劣势为优势的办法就是允许家长周日到校探访。这个办法多年来反响良好。所谓"不忘初心"，就是不要忘记当初的承诺。我们的"初心"就是要和家长联手营造家园一般的校园，要让学生的校园生活具有家的气息。现在选择报考附中的学生可谓门庭若市，我们就忘了"初心"，这会有问题的。同时，分批探访实施起来难度也很大。家长来了我们不让进也不好，身份辨别也存在困难。我建议一方面加强引导就餐秩序，另一方面增加周六下午 16 点至 18 点半的探访时间。学校管理已经稳定，多管齐下，解决眼下问题应该不难。大家同意了我的看法和建议。现在看来推进得不够，宣传得不够，还没有落实到位，成效尚未显现出来。

思路决定出路。从思维的定式中可以窥见信仰。如果将服务好学生作为坚定的教育信仰，我们就会选择有利于学生发展的办法，否则我们就会自然而然地选择便于自己管理的办法。服务不是迎合，服务也有底线，服务不等于大包大揽，因此要不断提升服务水平、服务能力和服务品质。

服务有没有成为一种教育信仰，是一眼即可洞穿的。

2018 年 10 月 21 日

其实你没资格说
"干多干少一个样"

今天是我走上校长（副校长）管理岗位的第 23 年。1996 年 8 月 13 日上午，学校书记通知我下午 3 点整到铁路分局找一下分管领导，说分局要提拔我，领导要找我进行任前谈话。我没有任何思想准备。我 3 月份才被铁路分局教委任命为教务副主任，还带着两个班的语文课，同时担任班主任、教研组长、年级组副组长，暑假才进入教务副主任的角色，刚刚摸出一点门道。校长、书记也没详细说，我也不好进一步问，心里有些惴惴不安。书记提醒我带上本子、笔，领导讲话要记录。下午我骑自行车按时到达铁路分局。我认识领导但领导不认识我。在走廊里碰到散会回办公室的领导，我说"领导好"，他说"姚跃林啊"，我说"是"，然后到办公室坐定。他直截了当、开门见山："经分局、分局党委研究，决定任命你为蚌埠铁中副校长。"然后他提要求我表态。时间很短。回到学校见到校长、书记，他们问我"任命什么职位"，我说"副校长"，然后是"祝贺""感谢"。我有点懵。那天发工资，我从财务室领好工资，继续到教务处做副主任的工作。

直到过了教师节，我的任命才在学校公布。其实任职通知书是在 8 月 12 日签署的。那个时候提干讲"683"，即 60 年代出生，80 年代工作，30 来岁，大学本科毕业，也即干部年轻化。我们学校四位校级领导全是 50 岁以上，需要提一位年轻的，使班子的平均年龄达到 50 岁以下。我是"683"的标配，被领导看中了。开始可能准备任命我为校长助理，教委也是这样上报的。铁中班子要由分局而非教委任命。后因我校一位副校长调任铁三中校长，分局领导在研究的时候说，既然姚还不错，就直接任命为副校长吧。这样，我就稀里糊涂地做了副校长。所以才会出现分局领导找我谈话的时候，校长、书记及教委书记、主任还不清楚怎么任命的情况。1998年 12 月 31 日，做了两年副校长的我调任铁三中校长。那一年我 35 岁。

回顾 23 年的校长历程，我觉得当年跃过的那一个"门槛"给我的人生带来最大的变化是从此没了节假日。不是"加班"成了常态，而是从此没了工作与生活的界限。吃饭睡觉之外全是工作，无可逃遁。奇怪的是我居然觉得这就是人生本来的样子。安之若素，视为当然。如果将升职作为进步的标志，21 年过去了我还是在原地踏步。奇怪的是我居然觉得本来就是这样嘛，这不是明摆着嘛！而从决定参与筹建附中的那天开始这个结局更是确定无疑。但我从未抱怨过，丝毫不曾懈怠过，因为"初心"仍在，不会纠结。我从来不认为干多干少一个样、干好干坏一个样。校长的职责内涵非常清晰，无论怎么投入都不为"过"。我相信每一份心血都有回报，都使我更加的心安，也即付出必有得。倘付出超过所得，权当我做了善事。所以，我坚定地认为，我与学校的"厮守"对我和学校都有着非常重要的意义。如果只从一点看，时时事事处处和别人比，很容易得出"干多干少一个样"的结论。如果拿岗位职责对标，自己和自己比，就很容易发现"多干"和"干好"的意义。这不是精神领袖指引和道德楷模熏陶的结果，而是源自心底良知的驱动。

无论就个人的工作和生活而言，还是从学校的发展角度来说，我都不认为自己的方式是优秀的，我只觉得是自己"称心"的。刚做校长时，有次学生会考，正逢周日，我一早到兄弟学校送考，在门口遇到该校校长。这是位前辈校长，长我 20 多岁。他家住校内，正出门办事，吃惊地问我："你这么早来干吗？"我说："送考。"他问："送什么考？"我说："会考。"他又说："校长送什么考？"我只好自嘲："没什么事，来看看，来看看。"

他一连"哦哦"几声地转身离开。我抬头看着他背后学校大门上的"会考某某考点"的横幅，陷入了沉思。按照规定，他是主考，可他根本不知道有考试这么一回事。那一刻，我没有觉得"干多干少一个样"，而是认识到校长有不同的干法。我这种干法不见得就一定能干好，他那种干法未必就不行，没必要简单比较。

将"干多干少一个样"挂在嘴边、开口闭口"干好干坏一个样"的人，多半认为自己是干得多、干得好的那位，就是觉得自己吃亏了。其实未必。叫得最凶的也许并不怎么样。所以我说他没资格说干多干少、干好干坏一个样。他心里也明白干多干少、干好干坏不一样，但他希望少干、干得不咋样还能占便宜。而生活中的某种逻辑支持了他的想法。因为从局部、眼前、个别、偶然看，一定能找到佐证。非但如此，还能找到多干不如少干、干得好不如干得差的例子。如果不干活还能在道德上找到无可挑剔的理由的话，"干多干少、干好干坏一个样"是最好的托词。真正优秀的人是不会在这方面动歪脑筋的。

人是利己的，利他就需要克制和驱动。无论是制度的、信仰的、宗教的驱动，利他仍包含一定的利己因素。即便是"求得心安"这么纯粹的理由，也依然清晰可见其利己的内核。但利己不能损人，利己主义者往往为了一己之私而无所不用其极。北大教授钱理群说："我们的一些大学，包括北京大学，正在培养一些'精致的利己主义者'，他们高智商，世俗，老到，善于表演，懂得配合，更善于利用体制达到自己的目的。这种人一旦掌握权力，比一般的贪官污吏危害更大。"据我观察，"精致的利己主义者"现在有了升级版，我称之为"精确的利己主义者"。"精确的利己主义者"除了具有"精致的利己主义者"的全部特征外，还带有数字时代鲜明的特征：精算。算得精，一点都不肯吃亏。其具体表现不胜枚举。

其实你没资格说"干多干少一个样"！毫无疑问，这里的"你"也包括我。

2019 年 8 月 16 日

门卫：
这校长是怎么回事

假是放了，但对于我来说与平时正常上班时间唯一不一样的是同事和学生大都回家了。然而这是一个非常重要的"不一样"，因为这个"不一样"我觉得心里轻松了很多。很长一段时间以来，我已经没有了上班和放假的概念。只要不出差基本都在学校，而我出差又非常之少，所以我差不多是待在学校时间最长的职工。因为保安还要三班倒，老师又不会天天到学校来。天天待在学校的校长可能是最没本事的校长，有能耐的校长大都是天天不在学校。我偶尔也会想，如果天天不在学校那会在哪儿？开会、学习、考察、讲学、会朋友、喝茶喝酒，还有一些娱乐什么的。如果在家，无非吃饭、睡觉、读书、看电视，大热天可以穿个背心稍微休闲些。我从内心觉得这些给我带来的快乐都不比我走在校园里、坐在办公室里得到的更多。更何况吃饭、睡觉、读书、看电视、陪家人散步一样我也不少。坐在办公室里我就可以专心地想学校里的事。所以，我可以不谦虚地说，在学校里的每一天都是有意义的。

因为多年养成的习惯，我中午很少休息，偶尔打个盹儿也是眨眼的工夫。并非一定有睡之必要，而是因为像写文章一样，总得点个逗号、分号什么的，适当"休止"一下。放假了我得回家吃饭，而吃饭我只花不到十分钟的时间。我一般在家看一会儿电视，目的是让家和饭店稍有点区别。一点钟离开家到学校。前几天，因为一位老师有急事需要我签字，我刚进家门就接到电话，所以吃了不到十分钟的饭我又回到了学校。从离开东大门到返回东大门前后不到半小时。我突然从门卫的眼里读出了"诧异"。回想起来，我对学校几乎一直如此的"不离不弃"。我不知道带给门卫师傅们的是安全感还是不安全感，好在习惯了就好。为了让他们宽心，我必得像上班一样准时到达，否则会让他们一直纠结的。

晚饭后我会陪太太外出散散步。然而在马路上散步还不如到校园里散步，所以，我还是会到学校来。操场上那几条狗总在黄昏里等待着我们，突然有一天狗没按时来我不免有点挂念，太太开玩笑地说，别急，它们以为你不来了，你来了它们马上就到。话音一落，狗儿们欢快地跑过来。我俩哈哈大笑，狗儿们莫名其妙。

今年寒假期间，我写了篇博客文章《专注是一种境界》，里面有这么一段话：

幸得上苍垂爱，在我没有开始浮躁的时候有机会筹建一所新学校。筹建阶段有太多的事要做，繁忙就不易迷茫，胸怀理想就能坦然面对挫折。每一天都是新的开始，每一个新的开始都有自己的参与，这是一件特别美好的事。今天，我还能专注地做自己喜欢做的事，实乃幸运！一个充满希望的学校和一个不易被诱惑的"我"相守，或许可以使我更专注地育人。我非常感谢有这么一件事让我做。我几乎可以摈弃一切应酬，也不需要参加太多的会议，不必出太多的差，没有人逼我看什么书、写什么文章，不必想着挣什么荣誉，也不必想升什么官做什么"家"。就那样天天和学校在一起，和老师、同学在一起，好似身处桃花源中，怡然自乐。在这寒假里，白天去学校转转，傍晚陪太太、孩子在无人的马路上散步，偶尔在厨房一试身手，一家人宅在一起看电视、聊天说笑。寂寥深夜里，帘外雨潺潺，躺在床上看米兰·昆德拉的《不能承受的生命之轻》。我觉得这一切都挺好，真的觉得很幸福。生活没有欺骗我，也没有欺负我，我做着我该做的事，享受着我能享受的一切，我要专注地工作，也要专注地享受着我的生活。

前两天读到同事郭老师的《陪校长隐居》，再次唤起内心对同事们的感激之情。感谢同事们的陪伴，感谢同事们的理解，在通往理想国的路上有他们的陪伴，我怎么会寂寞呢！在人堆里待厌烦了的人多半向往隐居的生活，但到底有多少人真的喜欢隐居呢？隐居之于50岁且心情恬淡的人和25岁且对世界充满好奇的人不是一回事的。所以，我不能以我之认为"好"而不理解年轻人之认为"不好"。相互理解就好。"大隐隐于市"，这句话的内涵非常丰富，其中要义在于一个人的心要安静，心如果不能安静，你跑到哪里也"隐"不起来。于今而言，隐居已是奢望，不唯心神不宁，就是这副"臭皮囊"亦无处躲藏。飞机日行千里，手机联通世界，你能逃到哪里？所以，我们哪里算得上隐居！我的旧居处于闹市，户外24小时喧嚣，我既不觉得好，也不觉得不好，一切似乎与我无关。"躲进小楼成一统，管他冬夏与春秋。"住了十年的地方，我和同一单元的12户邻居基本没有来往，连对门的人家我也未曾拜访过，不知姓甚名谁，更不知彼此晨之何所往，暮之从何归。就此而言，我们可不就是隐居？在这样的隐居中我们期待什么呢？面对狗仔队的围追堵截，那些"明星"们希望过的可不就是这样的生活？然而，三天见不到"狗仔"可能又觉得受到了冷落，总是担心被别人忘掉了。难道我辈普通人也是这样吗？我们怕被谁忘记呢？不见面不见得不被忆起，天天见面未必能放进心里。走在宽广的天安门广场、游人如织的上海南京路与走在这无人的校园有什么区别吗？对于我来说一点区别也没有。所以我不必到处凑热闹。日复一日地待在这校园里也许算不得隐居，如果硬要说是，说明我们大多数人的生活常态就是隐居，要保留一点"隐"私地"居"着。

前几天看CCTV的《我要上春晚》，一位在蒙特卡洛杂技节上获得过"金小丑"奖的小伙子以其精湛的技艺征服了观众。就是这样一位"高人"，节目结束后，他就开始淡出我们的视线，第二天我已记不起他的名字。而为了那一刻的辉煌，他每天练功八小时，从 7 岁开始直到现在 25 岁十八年如一日，一日不练第二天就得加练，否则功夫就要倒退。众多的奥运冠军，无论是哪个项目的，哪一个不是经过日复一日极其枯燥乏味而又艰苦的训练？每天练八小时功，跑八小时步，打八小时球，游八小时泳，举八小时重，你不"隐居"还能做什么？所以，但凡能做成一点点事都必得"专注"。如果每做一件小事都希望引起别人的关注，那是做不成什么事的。命运之神是最擅长搞"恶作剧"的，如今梵高的画作拍卖价动辄上亿元，但在他 37 岁去世前只卖掉一幅画，售价只有几美金。当时，没有人理解他，没有人赏识他的绘画才能。但凡他的内心稍有点不平衡，世界艺术史就会改写。这样的例子为数并不少。比起他们，我们的生活算是"充满阳光"了。

少一点抱怨，我们的生活就会多一分美好。我们为什么总是抱怨？是因为缺乏坚定的方向。我们曾经希望获得的，而当我们获得了就立即生出不满足。当我们头痛时我们会说，我宁可脚痛；冬天里我们憧憬着夏天；身处南国想象着雪花飘飘。总之，在路上，我们往往忘记了为什么出发，所以我们常常不快乐。

在今日世界，如果我们还能不被过多地打扰而过着所谓的隐居生活算是我们的福气。

2012 年 7 月 29 日

柿子
捡软的捏

"柿子捡软的捏"是句俗语，意思是说"欺负"老实人。柿子捡软的捏，是挑拣柿子的时候的一种策略，是自觉、自然也是合适的方式。硬的柿子不好吃，拿在手里掂量一下就放在一边了，最后总是要在一堆软的柿子当中挑选几个，难免要捏来捏去。毫无疑问，柿子捡软的捏，是因为大家喜欢软的柿子。

在工作当中，我也偶尔听到同事议论学校"柿子捡软的捏"，依据无非是不公平。一者，对不良现象的处置，对老实人更严格一点，对胡搅蛮缠的人让三分。二者，出现"鞭打快牛"的情况。老实人，能干的，担子就重；刁蛮的就占便宜，滑头还卖乖。这种情况确实存在。即使在厦大附中，至少表面看上去也会有这种现象。

对于前者，我要说的是，我从来不会对老实人更严格，我尊重所有同事，无论老少。但对胡搅蛮缠的人有时确实有"让三分"的意思在里面。一是不想将人一棍子打死，特别是对刚刚从教的青年教师，要宽容，要耐心，跟老师待学生一样。校长大度宽容，学校才能大度宽容，老师才能大度宽容，学生才能大度宽容。所以我在图书馆边上的那块石头上刻下了"宽柔以教"。我曾说过，我的妥协哲学比斗争哲学学得好。并非我高明，是生活教会了我。我常对学校干部说，不要轻易直接批评老师，即使对蛮不讲理的青年教师也要"忍"，你要相信他一定是遇到了困难。我们牺牲一点尊严，让他度过了这个困难，他今后的人生之路或许就会一帆风顺。如果我们凭意气给了他一个"公正"的处理，有可能让他一辈子生活在阴影里。要多帮助，少埋怨。二是相对于普通教师，学校和校长是处在强势地位的。强者之"强"要恰到好处，过犹不及。在校长面前抹眼泪的往往是那些工作出色的"强者"。在他们满心委屈不被理解的时候，我劝慰他们，"美丽"正是你的过错，"强大"也是你的过错。如果一所学校，动辄处分老师，这所"公平"的学校是不会"太平"的。你处分得对，但结果却是错的。就这么奇怪！

关于后者，即"鞭打快牛"，我承认自己是这样的人。但我要替自己辩解一下，在本职工作方面，我是不会轻易让步的。也就是说，"慢牛"想在我这里占便宜没那么容易。问题是，一所好学校，所有人只做本职工作是不行的。每个人都尽职尽责，结果还有许多事没人做，所以必定要有许多人"多管闲事"。"闲事"不"闲"，一点都不能忽视。"好学校"与一般学校的差距往往就在这些"闲事"上。上课谁不会？"好学生"完全是你在课堂上教出来的吗？更多的时候我们要靠积极的校园文化来引导学生。我们不过是引路人，路是学生自己走的。厦大附中要建设成具有文化竞争力的学校，必定要在这些"闲事"上下足功夫。而要做好这些"闲事"，最佳人选是班主任和学科任课教师当中的志愿者。

我曾经的教训是，将每一件"闲事"都标上价格，干活给钱。结果活儿没人干，干了也干不好，还斤斤计较，矛盾层出不穷。筹建厦大附中以来，我们一直坚持无偿志愿服务。最典型的就是周末讲座。现在已经到了第170期，我们没有付给老师一分钱报酬。曾经有干部提过付报酬的事，我坚决不同意。我一开始就说过，坚持无偿自愿，没人讲我来讲。现在愿意做讲座的老师特别多，我根本排不上号。单就这件事来说，如果每个人或绝大多数人都参与，最终也无所谓报酬不报酬。事实上，看上去异常安静的厦大附中校园，每天都是热闹非凡的。单是 12 月的文化月活动，就有近四十项、五六十场活动。每一场活动都少不了老师的参与，全是无偿的。作为校长，每天我的内心都是充满感动的。厦大附中美在什么地方？美在崇高！美在教师的崇高责任感。人性美是创造幸福人生的动力。这是附中学子在学校里受到的最重要的教育，这就是附中的美育。熏陶学生的不只是风景，还有教师的德行。

我一辈子从来不与"闲人"攀比。我勤奋地工作，我很愉快，从来不会生不干活的人的气。故我"鞭打快牛"不是欺负老实人，而是将老实人视为我的同类。而且我相信，绝大多数人都和我一样，愿意做事，愿意帮助人。志愿服务不会是穷途末路。如果将工作视作受罪，那自然不愿意多做事；如果将工作视作享受呢？大约就不会埋怨了。学校安排工作，特别是那些在每个人看来都是分外的工作，自然要找"软柿子"和"快牛"，志同道合，这是必然的逻辑。我不谦虚地说，在附中，最软的柿子和被鞭打得最多的牛难道不是我这个校长？但是我很快乐，我不生气，不埋怨。如果一个校长，看到同事悠闲自在心里就不舒服，那他就是病态的。今天早晨我到学校，在公交车站，碰到有老师准备去登山，我居然有一种抑制不住的幸福感。同事问，校长还到学校啊！我说，没什么事，逛逛。今天放月假，学校只有 87 位同学留校，有值班干部在，是最轻松的一天。大家休息，我到学校，我没有压迫感，我觉得我是快乐和幸福的。站在公交车上，我在想，如果今天的公园或商店里，到处都有我的同事在悠闲地享受，那该是一件多美好的事！

我知道，用"柿子捡软的捏"和"鞭打快牛"来批评学校是老师们碰到问题后的一时激愤之语，其背后的逻辑老师们都很清楚。老师要学逻辑，讲逻辑，教学生理性地看问题和处理问题。老师们也要有大气度、大格局、大胸怀，不要被小事气糊涂了。梅贻琦说："所谓大学者，非大楼之谓也，有大师之谓也。"八年前，我有感而发，写了《大学的胸怀》一文。我说"大学之大不在校园之大，不在大楼之大，甚至不在大师之大，而在胸怀之大。有大胸怀，大师辈出是迟早的事；无大胸怀，大师迟早要么跑掉，要么'泯然众人矣'。假如大学的良心被官本位和拜金主义所侵蚀，则大学的胸怀就大不了"。中小学也不会例外。我们要有点气度和胸怀，不与"闲人"攀比。

2016 年 12 月 3 日

背影（一）

马老师的故事我讲得最多。通常我也只讲一两个经典镜头。其中永恒的一幕是，每天早晨 6 点 50 分前后，她总是站在她所带的班级的书包柜前批改作业，总是那么专注。2016 年 10 月 25 日早晨，当我看到汗水湿透了后背的她依然一动不动地站在那里批改作业时，我也顾不得征求她的意见就拍了一张照片并发在微信朋友圈里：

背影！这是每天早晨 6 点 50 分前后在这个窗口一定可以见到的背影！马老师，数学老师，我的同事，年届五旬，全国三八红旗手、全国优秀教师、全国优秀班主任，可谓功成名就。她现在不是班主任，也不必看早自习，但每天还是早早来到教室，站在书包柜边批改作业。学生进教室就交作业，交了她就改，有问题就当面指出。到 8 点上课之前，当天的作业她就批改完了。她每学期都要听近百节同行的课；她领衔成立了班主任工作室，指导青年教师成长；她总是那么热情、高效……优秀从何而来，看到这个背影就有了答案。虽然已是深秋，但今天的最高气温超过 30 度，汗水湿透了她的后背。此情此景，我实在抑制不住内心的感动……一个校长，如果不为这个背影感动，他的学校是不会有希望的；一个民族，如果不为这个背影感动，这个民族也是不会有希望的。

　　我发了两张那天早晨和前一天早晨"偷拍"的照片，汗水湿透衣背清晰可见。马老师不是我的微信好友，我甚至不知道她是否有微信，至今我也没有当她的面说过这件事。之于马老师，我的表扬纯粹多余。

　　办好一所学校，理念、理想、课程、模式等等都很重要，但最重要的是要有这样的老师和这样的故事。我们以"教育无非服务"为指南，坚持"干部服务群众，行政服务教学，全校服务课堂，全员服务学生"的教育主张。我们将"教育的服务品质"界定为硬件、师资和包括办学理念、育人目标、制度建设以及课程在内的学校教育文化。其中师资是体现服务品质的最重要的因素。我觉得我们有"最好"的老师，但这个"最好"不在于教师的学历高、学科专业能力强等方面（事实上就是学历高、专业能力强），而在教师育人能力全面，懂得"师生关系学"。结合寄宿的实际情况，建校初期我们即提出"陪伴教育"的理念，主张"教师生活在学生中"。学校设立"午间加油站""周末服务站""周末乐园"等，教师志愿辅导留校的学生。此外，为一部分同学配备成长导师，开展"一帮一"活动。厦大附中最大的教育资源和最重要的教育力量是"唯美的师生关系"，是中华民族的"和"文化。

　　附中实行早、晚自习和周末自习教师督修制，始终有老师陪伴学生，以便及时帮助学生解决问题。几乎所有老师每天至少在学校餐厅与学生共同就餐一次；几乎每天下午课后，都有师生共同参与的活动；每个晚自习前，绝大多数班主任、任课老师都会与学生谈心；几乎每一位班主任都曾陪同学生到过医院就医；大多数老师都曾有过帮助学生"代邮""代购"的经历。可以说，厦大附中的老师是当今社会最专注于自己工作的教师群体之一。在附中校园，"马老师的背影"绝非孤独的背影，而是到处可见；在附中校园，你随处可以听到"老师，您好！""同学，您好！"的声音，这种师生关系是一种亲人般、朋友般的和谐关系。

提升服务品质，建设服务型校园，这种探索不是教科研课题研究，所以没有结题的时候。潜心服务学生是一种教育信仰，只有进行时。

2018 年 1 月 22 日

背影（二）

　　从周六晚上到周日下午，除学校安排的总值班老师外，高中三个年级各安排了一位老师在年级值班。但不少同事，特别是家住在学校附近的班主任老师，经常到校备课，或到班里看看，或找学生谈心。前晚和昨天上午，高三年级统测，有更多的老师在岗，高一、高二也都有好几位同事在；前晚的"周末讲座"是培旺老师主讲，他回到家可能已经 11 点了；"周末电影"是杨越、绍伟、文贵、欣欣几位老师当班，也搞到比较晚；周六下午有信息学奥赛初赛，还有一些兴趣小组开展活动，都牵涉到一部分老师。周日上午，高中寄宿生在校自习，按平时上下课时间作息。学生都很自觉，上课铃响看书，下课铃响活动，该吃饭时吃饭。周日下午自由活动。

　　昨天（周日）上午，我到教学楼里转转。上景行楼东楼梯时，正好碰到邹佳老师带着女儿上楼。她俩走在我前面，走得很快，我跟着上楼。邹老师走进教室，女儿跟着要进去，但很快退出来了。我估计邹老师对她说了什么。小姑娘随后扒在窗户边朝教室里看。她的身高还不足以自如地了望，只好踮着脚，但是踮脚也看不到什么，所以她扒住窗台，撑起身体，两脚悬空观望起来。我情不自禁地拍了几张照片。当她妈妈进入她的视野时，她居然扒窗双脚悬空好大一会儿。我对她竖起了大拇指，表扬了她。为了不打搅她，我很快离开了。下楼后翻看照片，发现没拍到她两脚悬空的情形，便觉得非常遗憾。走在校园里我一直在揣摩，这个小姑娘当时在想什么？我不得而知。随后发了条朋友圈："我看妈妈在干啥？"

昨天上午，邹老师并不值班。她是高一10班的班主任，她跟我打了个招呼便径直走进她的班。她要做什么我并不清楚。昨晚我又走过她的班，又见她在和一位男生谈心，我没有说上午的事。这样的画面在附中校园里可谓是每时每刻播放着。

朋友圈里有朋友留言："老师的孩子大多有过这样的经历。"诚然！但我觉得这样的经历和画面背后有不同的内涵。如果是正常上班时间，这样的场景并无特别的意义。甚至反而说明教师的工作自由度还是比较大的，上班时间还可以顺便带带孩子。大多数职业、大多数岗位可能连这点自由都没有。所以，不能简单地认为老师一边抱着孩子一边改作业就是其辛苦的明证。也许有人会说我连一边抱孩子一边站岗的自由都没有呢。

老师的辛苦在于"心"苦，他要操几十个孩子的心，特别是寄宿制学校。邹老师有两个孩子，跟着的这个还是大的。周日她可以不必到校，带着自己的两个孩子去玩，但她还是来到了学校。我猜想她一定有什么事不能放下，一定要到班级看看。她待在家里至少省下车油钱，但她来到了学校，还带着孩子。寄宿制学校，双休日有没有老师来学校是大不一样的。她不来是她的权利，来了，校长就应该感激。

老师孩子的"辛苦"在于他们也要跟着父母起早歇晚。中学老师普遍上班早，特别是班主任、语文和英语老师，基本都是在7点前到校，有的更早。由此可以想象他们要几点钟起床。他们的孩子往往也要跟着起早。下班也往往因学生有问题而拖延，以至7点晚自习开始后才能带着孩子一起回家。有时晚自习要看班，回到家已过了10点半。如果没有老人帮忙，带着两个孩子的青年教师确实不容易。

但是，我想说，生儿育女，为人父母，岂有不辛苦的？单位需倚之安身立命，工作也必得兼顾。钱多活少离家近的工作基本是不存在的，每家都有一本难念的经。没有人可以随随便便成功，成功的背后必有人作出牺牲。附中十年路，这样的"背影"不计其数。上周三，《中国青年报》的"青春热线"栏目做了一版以"背影"为主题的文章，在"火车的背影里""小城的背影里""父亲的背影里""教师的背影里"，我体会到了"还未相知，已成背影"的心疼感觉。附中老师们大多来自全国各地，谁没有一份遥远的牵挂？我们习惯将同事在附中工作期间生育的孩子称为"附二代"。现在"附二代"过百，常令我思之恍惚。我从这些孩子的成长里感受到了附中的成长。这个校园里留下了他们童年的欢笑，灌注了他们永恒的生命气息，但要不了多久，他们必将留下背影，走向远方。我梦想有一天附中能出版《附中孩子》或《附二代》，让我们从中回溯这些教职工子女生命年轮中的附中印记以及他们愈走愈高大的背影。

2018 年 10 月 15 日

|“午间加油站”

　　我校初中部八成学生走读，但由于滨海的地形特点，大多数学生家校距离都超过了合理的半径，所以中午绝大多数走读生都留在学校。初中生好动，自律意识和能力都不够强，任其自由活动，秩序和安全都存在问题。从建校开学的第一天开始，班主任都自发地留在班里维持秩序，渐渐地不少科任教师也加入进来，辅导、督促学生完成作业。觉得疲倦的学生也可以趴在座位上休息。初中生精力旺盛，中午很少休息的。午饭后活动一会儿，或者到图书馆借本书，然后在老师的陪伴下看书或做作业一小时；或者接受老师的个别辅导、谈话。下午上课前再自由活动25 分钟。由于有老师辅导和督修，学生学习和完成作业的效率和质量都有一定程度提高。这种形式我们称之为“午间加油站”。

　　在两年之前的七年多时间里，学校从未对“午间加油站”作出任何规定，我本人更是多次提请老师们中午休息一会儿，不要太拼。但一是客观上确有必要，二是老师们都是无偿服务，学校没有理由叫停。“民间活动”由此长盛不衰。我意识到，这不仅是附中的一道美丽风景线，也是教育服务的一个具体措施，势必会长期存在。然而，我觉得学校不可以长期利用老师们的自尊心和上进心，不能装着看不见他们的付出。经过争取，我们将中午督修纳入超课时工作量予以适当补贴，同时排好班，明确一位老师看两个班，其他老师不必再到班级。但实际上还是有很多老师中午留在班里，或在班里待一会儿，并不在意是否当班或有无课时津贴。

类似"午间加油站"的还有"周末服务站""周末乐园"。因为我校高中部学生全寄宿，学生一个月左右才放一次月假，平时双休日都留在学校。功课固然重要，但总不能从早学到晚，从周一学到周日，所以我们的社团活动很丰富。有一位考入重点高校的校友在网络上留言："每一位从附中出来的孩子，都是从一所类似大学的中学来到类似中学的大学。"言下之意是附中比大学还像大学。中学就是中学，我们并不刻意要将中学办成大学。这位校友的意思大约就是指附中的社团和社团活动很多，学生有很多的选择自由，或者说学生的自我选择能够得到尊重和帮助。而要实现这一点就少不了教师的志愿服务。

合适的教育就是最好的教育。一流的教育服务品质是指能够为每一类甚至每一位同学提供合适的教育。每一个学生的选择都能得到尊重，每一个学生的成长都有合适的平台。学校教育服务的主要"产品"是课程，课程是教育的载体。而国家课程只是基础课程，无法满足所有学生的需要，因此学校要在国家课程校本化和社团活动课程化上下功夫。厦大附中建校伊始即致力于办学生喜欢的学校，一直不遗余力地培育并不断提升教育服务能力和服务水平。其突出之处是，努力为全体学生提供基本共性前提下的个性化学习方案，而课程正是教育服务的基本保障。我们将"泛课程"的概念落地，用制度保障课程的统一性和多样化相结合。用选课走班的方式解决国家课程统一性之下个性化选择的问题，用丰富的校本课程满足学生的个性化发展需求，用社团活动拓展学生的视野，用类似"午间加油站"的形式解决个别化指导的问题。只有单一的国家课程和升学评价，显然算不上一流的教育服务品质。

办学九年来，类似"午间加油站"的教育形式日益丰富。周末讲座已举办 202 期，周末电影已播放 129 场，一年一度的文化月同时围绕科技、体育、文艺等主题开展 50 余项活动，建筑面积分别达到 12000 平方米的图书馆和艺术馆极大地丰富了学生的课余生活……教育服务品质由此切实得到提升。

2018 年 1 月 20 日

30 岁
难道就老了吗

"三十而立"，30 岁是正当拼搏的时候，可以说真正富有意义的人生才拉开帷幕。但是，你会发现，有不少人 30 岁就"老"了，失去了前进的方向，失去了奋斗的目标，失去了拼搏的动力。而"老了"的一个重要原因是觉得干不干、拼不拼、努力不努力一个样，不如就那么混吧。努力不努力真的是一个样吗？冷静地想一想这个问题应该不难回答。

如果将工作的目标确定为只是为了职称、职务的晋升，荣誉的获得甚至金钱或物质待遇的获取，那么你会发现，这样的人生目标很快便会使人失去方向，并且很难给人带来幸福和快乐。一般来说，为了职称奋斗，在开评正高之前，30 多岁就跑到了尽头；为了职务奋斗，学校里就那么几个"官"，绝大多数人都必定与此无缘，而且即使当了也未必有什么荣誉感；荣誉更是身外之物，想开了一点用都没有；而在学校，待遇与业绩的关联度也不高。这样一想，很快得出结论：干和不干一个样，干好干坏一个样。这不是哪一所学校的特色，可以说是很普遍的现象。倘若 30 岁就有房有车而且不止一套房，他很容易就"老"了。

每逢学期初学期末的关口，新学年的人事安排常令校长绞尽脑汁、寝食难安。缺员首先就是个问题。教师编制紧是全国性的问题，而类似我们开发区这样的新区，问题更大，没有"存量"可供"盘活"，又无系统解决方案。我为此曾数次大声疾呼过，但丝毫不见改变之迹象。我几乎可以断言，在教育的关键问题上，这几年没有任何进步。如果不积极应对，后果是可以想见的。网传一些地方招不到老师，我无力调查但相信确有其事。厦大附中虽然不会招不到老师，但振臂一呼优秀者云集的场面不再，这是一件令我非常困惑的事。办好教育主要靠老师，优秀人才不当老师，教育是不可能振兴的。不切实际的指示和口号是无法成为生产力的。现在很多学校缺人，有的不缺人但缺德才兼备的"人才"。我必须勇敢地承认，厦大附中也缺"人才"。尤其是与"理想"中的一流学校相比，我们最大的差距和最重要的工作是师资队伍建设。

必须经常面对的事实是，总有一些见好就收甚至早早躺倒不干的人。30岁上下，正是建功立业的时候，却拉起"养老"的架子来了。多一点事不肯干，困难、棘手的事不肯干，有风险的事不肯干，出力确实未必能讨好的事更是不干。挂在嘴上的话就是"干不干一个样，干好干坏一个样"。当然，确实也有些人不自信，前怕狼后怕虎，有畏难情绪，担心毁了"清白"。一事当前，斟酌再三，无利可图便坚辞不就。强扭的瓜不甜，于是就真的没辙了。如何持续调动所有员工的工作积极性是管理学的难题，不容易解决。生活中充满矛盾，孤立静止地解决某个问题不难，但世间万物是普遍联系的，系统根本地解决并非易事。

教师的职业倦怠是普遍现象，单纯靠外在驱动无法解决根本问题，需要激发内驱力，需要教师本人智慧地应对。传道授业解惑，责任重大，使命光荣，但成就感、荣誉感难以立竿见影。对于绝大多数普通老师而言，教师人生就是蜡烛人生，燃烧自己，照亮别人。能照亮别人就已经很伟大，这是职业特点，愿意不愿意、甘心不甘心就是这个样子。燃烧别人、照亮自己的"名师"若非"圣人"即为"阴谋家"。中小学教师不是学问家，反倒更像"保姆"。做个有学问的智慧的"保姆"需要日复一日地修炼。不要听那些"名师"忽悠，我们的主要工作不是搞课题、写论文、跑沙龙，不是著书立说，不是传经送宝，我们的舞台在校园、在课堂、在学生的成长年轮里。一所学校"名师"不能太多，多了没人上课。确实有人一本书的版税买了不止一套房，但这永远是极少数。教师就是一个温饱型职业，衣食无忧就阿弥陀佛了，惦记发财是自讨没趣。然而，甘于清贫并非自甘堕落，不过是自我减压而已。对教育要有点宗教般的情怀，否则就不堪其苦。

如今，女教师越来越多，附中也达到了六成，有些城市的小学超过九成。"二孩"政策一实施，教师立刻吃紧，阶段性缺员成常态。加之东改西改，结构性缺员问题凸显。这给学校安排任课教师带来很大难题。有些班级几年换了好几位老师，学生毕业了根本记不清有哪些老师教过自己。排课的时候，老教师和男教师成了稀缺资源。女大当嫁、当育乃人之常情无可厚非，但婚假、产假、哺乳假接二连三，刚太平一年又要备孕，接着又是一轮产假、哺乳假。一旦成了两个孩子的妈，如果没有一点"精神"，她很快就"老"了。孩子上中学之前，她要耗费很大的精力带孩子，职业成就无法不受影响。我这一辈人养育的都是独生子女，育儿所耗精力不多。近 40 年来的学校管理制度、教育文化和教育政策都建立在这个背景之上的，现在看来是到了该调整的时候了。工作要求越来越高、压力越来越大，生活的压力也越来越大，怎么调和？这是需要多方协力才能解决的大工程。

比较幸运的是，附中有一支比较强的干部队伍，作为校长我应该知足。这个"强"并不是说我们的能力有多强、水平有多高，而是指大家都能很投入且独当一面地工作，不计辛劳，不计报酬，乐于奉献。如果在乎名利，动辄攀比，这个干部就没人干，或者干也干不好。当然，我们都还有不断提升的空间，但在现有的条件下提过高的要求是不切实际的。在精致的利已主义盛行的当下，附中能有这个局面亦属难能可贵。附中的干部队伍是比较精干的，办公室、德育处、教务处、总务处四个部门都只有一正一副两个主任，办公室主任还是校长助理兼任的；工会、团委、教研室都只有一人；没有专职的保卫部门，由总务处代行职能，总务副主任还兼任学校公务车驾驶员；信息中心也合并在总务处，设一名专职副主任。他们全部带课，基本都是中、高考学科。部门没有办事员，日常公务基本都得亲为。在一所寄宿制学校，这样的部门设置和干部数量已经到了无法精简的程度。在选拔和任用干部方面我是极其谨慎的，有三个基本前提：优秀教师、群众基础、奉献精神。"三者"兼具的人并不是很多。

人是趋利的，但将这个"利"定义为金钱、名利就偏于狭隘，还要辅之以精神享受和精神满足。精神不是万能的，但没有精神也是寸步难行的。将人生的意义完全交给外在尺度来评价，过于在乎别人的眼色，这个意义就有限。如果我们将工作和学习当作生命的一部分，视作人生的重要内涵和生命成长的组织部分，将帮助别人看作是成就自己，将精神满足作为内修的境界追求，我们也许就能永葆青春。如果只想着自己不想着别人，其实生并无可恋，死与活便无区别，活与死也并无区别。人活着与一般动物活着的较大区别在于具有更多的"意义"，这个"意义"会与日俱增。30 岁开始"养老"是不会"老有所乐"的。一辈子几十年有无限可能性，要有梦想，要奋斗，"无望其速成，无诱于势利"，盖棺不见得能定论，何必 30 岁就给自己判"死刑"？

2018 年 7 月 2 日

吃饭问题

吃饭大似天。

不能说我们为了吃而活着，但可以说不吃我们就无法活，吃得不快活则活得不快活，吃饭有压力则活着有压力，吃饭无忧则生活基本无忧。当然，吃得快活不见得生活快活。政府有"菜篮子工程"，公路有"农产品绿色通道"，农村学校有类似"一天一个鸡蛋工程"，可能还有许多"工程"都是解决"吃"的问题，可见吃饭的事既是重要的事也是难办的事。

作为寄宿制学校，我们认为学生吃饭的事是和升学率同等重要的事，所以，我校食堂的建设标准超过一般学校。食堂建筑面积 6800 平方米，规划满足未来高峰时 2000 人同时就餐，人均建筑面积近 3 平方米。目前经常性高峰极值不会超过 1800 人，因此可以这样理解——食堂能保证每一位师生同时坐在餐厅里悠闲地就餐。食堂设备投入迄今已超过 200 万元，可以说在中学里设备属一流的。为了规范管理，食堂交由厦门大学后勤集团餐饮服务中心经营，学校提供全套设备（包括筷子等低值易耗品），不收管理费且为员工提供免费住宿。学校成立了由工会委员、学生会干部组成的膳食管理委员会，定期检查测评，发现问题及时整改。

谁来经营食堂？我们有一个基本的指导思想，即坚决不承包给任何个体经营者。要么学校自己经营，要么由厦大后勤集团餐饮服务中心经营。个人经营，无论是准入还是后期管理，因为众所周知的原因，会使我们焦头烂额且后患无穷，最后甩都甩不掉。学校自己经营是上佳方案，但一要有人，二要有配套的劳资政策，我们目前还有所欠缺，勉强做起来也会消耗太多精力。作为厦门大学的附属中学，交由厦大后勤集团餐饮服务中心经营，既为政策许可也是顺理成章的。厦大后勤集团餐饮服务中心作为厦门大学下属的经营性企业，管理规范，经验丰富，厦门很多学校和其他单位的食堂由其承包，反映良好。由他们经营，合约签订也很简便，按惯例即可。

厦大后勤集团餐饮服务中心作为一家管理规范的大型餐饮企业，管理附中食堂的优势是科学规范，同时具有一定的规模化效应。劣势在于，与个体经营比较，劳动力成本高；与附中自营比较，它需要一定的利润、母公司的管理费用和一定的风险费用。概括起来说，他们的成本比较高。通俗地说，稍微贵一些。他们只能通过稳定可靠的进货渠道、优化劳动力管理和规模化等措施来降低成本。如果能够回到计划经济时代，学校食堂有几十个正式工，工人的工资由财政支付，食堂自身的成本当然要低很多，但现在极少再有这样的食堂，而且不见得能搞好。

自食堂开办以来，我本人有很大一部分心思用在这上面，承受了来自各方面的压力。我只能说，在食堂管理方面我是用了心的。很多事说起来容易做起来难，不做具体事，浮在表面，谁都可以振振有辞。食堂是"绝对"可以做好的，无论是卫生、价格还是品种、口味，保证能让你满意，关键是你打算付出多少成本。如果完全不计成本，那一定可以让你满意，但不能保证让你心理平衡。到附中四年多以来，我有超过80%的时间是在食堂就餐的。单身的两年里我没有做过一次饭，先是在厦大学生食堂吃了两年饭，吃到过两次苍蝇。附中食堂投入使用两年来，只要有学生就餐，我基本上都在食堂吃饭，我总体感觉还行。为了更好地监督食堂工作，我们没有专设教师餐厅，只在二楼餐厅设了一个教师窗口，但在非高峰时段，老师们也是随意排队的。我本人经常坐在食堂一角，让学生拿着我的卡帮我买饭，看看学生去买和我本人去买到底有多大差别。我的结论是没有什么差别。学校初创时期，我只能如此。我不能保证永远如这般天天在食堂就餐。我敢说，我是全中国在学生食堂就餐次数最多的校长之一。譬如上周，从周一早餐到周六中餐，我一共在学校就餐17次，没有在其他任何地方吃过一顿饭。

既然大家都说饭贵，我也就相信它有点贵，为此经常拿他们是问。但我并不确信一定贵，也不明白为什么贵。我可以晒一晒自己大概要花多少钱：我的早餐是不变的，一点咸菜，一个馒头，一个卤蛋，一碗稀饭，2.5元。中餐一荤一素一小碗饭，4元～4.5元，多数时候喝免费汤，少数时候喝1.5元～2.5元的荤汤。所以，我的午饭费用大约在4元～7元之间，基本在5元左右。晚餐与中餐基本相同。因此，我一天的餐费差不多在15元以内。我观察有些学生是这样吃饭的：早餐一点蔬菜，一点卤花生，一根烤肠，一块卤豆腐，一瓶饮料，不吃主食。中、晚餐不吃蔬菜，至少两荤以上，鱼、排骨、炸鸡腿之类，进门一瓶饮料，出门一盒冷饮，一餐将近15元，消费至少是我的2.5倍。当然，家庭条件不好的同学吃得也很简单，尽管最困难的学生学校一年给他补贴2000元的餐费。

上周六开家长会，有些家长中午在学校食堂就餐的。坦率地说，我们没有特别准备，与平时差不多，只是数量和品种稍多一点，因为就餐的人增加了很多。品种的多寡与就餐人数有关，我以为这不难理解。星期天下午3点，有个家长给我发来一条短信："校长您好，学校食堂菜样午、晚餐能增加几样则更好！昨天中午的午餐孩子说比平时有所改善，平常少且贵。学校如能让食堂老板和厨师到漳州各家兄弟学校食堂取经学习则更好！家长建议。"我不清楚这位家长考察过几家食堂，但我相信，大多数家长不会比我更了解学校食堂。我不谦虚地说，在没有经过认真考察之前，我真的不敢"让食堂老板和厨师到漳州各家兄弟学校食堂取经学习"，我还想保留一点批评他们的底气。我相信，没有免费的午餐。如果是民办学校，他已经收了你高额的学费，在伙食上有点补助丝毫不奇怪。品种多多，价格低低，当然"则更更好"。

昨晚看著名校长李镇西的文章，突然想了解一下他所在的成都武侯实验中学。百度一下，浏览了他们的网站。令我感到意外的是在学校网站"学校概况"栏目下有一子栏目"食谱记录表"，我点开看了看，搞不清是哪一年的 4 月份的记录。统计了一下，中午四菜，晚餐三菜。印象里我们学校的餐品要多很多，于是赶忙让人统计了昨天（2011 年 11 月 14 日）食堂供应的品种，具体如下：

早　餐

炒菜：卤花生、炒酱瓜、炒榨菜、萝卜干炒蛋、炒黄瓜、炒黄豆、红烧豆腐、炒雪里蕻、木耳炒蛋、卤蛋、卤豆干

汤：大米稀饭、豆浆、绿豆稀饭

主食：馒头、包子、花卷、油条

午　餐

炒菜：香菇炒肉、盐水鸡、炒鱿鱼、土豆鸡丁、花菜炒肉、红烧鸭肉、木耳炒肉、糯米排骨、烤腿排、红烧鱼、香炸带鱼、洋葱炒肉、回锅肉、炒苦瓜、西红柿炒蛋、蒸蛋、洋葱炒蛋、紫菜卷、炒扁豆、红烧茄子、炒青菜

汤：紫菜汤（免费）、排骨汤

主食：米饭、砂锅面、炸酱面

晚　餐

炒菜：炒鸭心、炒鱿鱼、腐竹肉沫、辣子鸡丁、炒鸭肠、红烧鸭肉、炒瘦肉、清蒸秋刀鱼、炒香肠、炒桂花丸、炒蟹肉、卤鸡腿、炒玉米、炒青菜、炒包菜、炒白菜、炒南瓜、炒佛手瓜、炒豆芽

汤：紫菜汤（免费）、肉丸汤

主食：米饭、砂锅面、炸酱面

似乎多了不少。我忽然觉得，"贵"和"多"是不是一对矛盾呢？

家长会上有家长建议我们卖夜宵，我没有同意。食堂开业时我们卖过，但影响学生休息，就叫停了。读一晚上书吃一点夜宵自然可以，但应该自己解决。吃一点水果、甜点，喝一点牛奶，自己有什么不可以解决的呢？

办好食堂是我们不变的决心。下一步我们要精细核算承包方的成本支出，控制其利润，进一步加大设备投入，改善食堂环境和条件。但我不敢说增加补贴，因为财出无门。或者，我们自己来经营？但谁能保证如此就一定能让各方满意呢？

吃是一件非常重要的事，但对于大多数同学来说，考不上北大清华估计不能怪吃得不好。

2011 年 11 月 15 日

"走路死"
与安全教育

2012 年 8 月 22 日《中国青年报》头版发表了评论员曹林的文章《一个"走路死"足以让所有繁华坍塌》,"我们都得走路,走着走着就走没了,祸从天降的'走路死'让人毛骨悚然"。文中列举了近期广有影响的几个事例,包括媒体报道的 8 月 9 日至 17 日九天时间哈尔滨城区发生七起坍塌事故。就在前天中午(8 月 24 日),就在我看这篇文章的时候,腾讯在我的电脑一角弹出一则新闻:哈尔滨阳明滩大桥发生坍塌事故,死伤八人。这种巧合,再次提醒我,我们无法预测的危险就在我们身边。如果说,开着重车压塌大桥或致道路塌陷还不足以让我震惊的话,那些走着走着突然陷进热水管、祖孙二人怡然自乐地坐在自家门口莫名地跌进深坑的惨剧则实在是在挑战我的想象力,我因此感到焦躁和恐惧。地球已有约 46 亿年的寿命,混沌初开已是很久以前的事,祖先帮我们选择的这块土地本足以承受我们,今天它终于不堪重负。可以说是人祸所致,也即类似的塌陷基本是人为造成的。若非建设质量问题则一定是监管出了漏洞。往往是有人建无人管,监管的问题更大。

危险离我们是那样的近⋯⋯

2011 年 11 月 19 日下午,一场小雨后,我校朝闻大道与乐水路交界

（校园东南角拐弯）处发生一侧道路塌陷。因为事先有警觉，且及时采取了措施，未出现伤害事故，甚至自始至终不为多数人所知。建校以来我一直对现在的管道施工工艺不信任，我觉得校园里面的下水管道迟早要出问题的。可以说，问题出在一开始，从材料到施工，都质量堪忧。而觉得这段路可能要出问题的近因是，一段时间以来，围墙外面的窨井朝外翻水，伴有细沙，雨天尤甚。我断定是附近某处下水管断裂，污水渗漏，不断将原来垫管的细沙冲洗出来。我推断，随着时间推移，下水管周围的泥沙会被淘空。因为此处是填方，施工时夯得未必很实，随着地下管道周边空间的增大，道路总有一天会塌陷的。果不其然。从小塌陷到大塌陷，最终成了一处直径两米左右、深度超过三米的深坑，人要是跌下去运气不好的话也是要受伤的。

回到修建地下管网的时候。2009 年上半年，总管网随着环校道路同步施工。此前学校已开学半年，当时的上下水管道有不少是临时的。这是普遍现象，分段施工，缺乏统筹，擅作改动，几乎是所有单位和市政管网混乱的主要原因。所以，尽管基建并不由学校负责，但当时施工的时候我几乎每天要到现场看两三次。此前，我一直认为下水管道铺设的应该是大口径的水泥管道，但施工方告诉我那是老黄历了，现在都是用塑料管材，譬如 PPR 之类，据说比水泥管还要结实。看着埋下去的 PPR 管道，我提出了质疑：因为下水管埋得都比较深，如果地质发生沉降，如此薄的塑料管能承受多少重量。他们不以为然，告诉我不会有问题，而且反驳我，如果真的发生沉降，水泥管也受不了。我无话可说。我承认，如果地质稳定，PPR 管应该没有问题，但必须要有措施保证地质稳定，但那些工人、现场管理者和监理看上去很难让人放心。我当时就警告过他们，如果有一天出问题，你要付出更大的代价。果然不幸被我言中。所以，两年半以后，他们老老实实地无偿维修，很是花了一笔钱。虽然暂时修好了，但能否保证一劳永逸还是个问题，因为初建时的底子没打好，靠后期的修修补补是很难保证质量的。

分析一下这个案例。主要问题出在建的时候。首先，此处用这种管材是否合适值得研究；其次，施工工艺是否达到要求值得怀疑；第三，施工进程谁来监督，地下管道施工不同于地面工程，一旦覆盖起来谁也看不到，隐患也随之"覆盖"起来。学校是使用方而非业主方，不是建设主体。施工方只看业主的脸色，而业主又不是使用方，他不使用你要让他切实负起责来是非常困难的。加上他们人手也少，管理环节中互相推诿扯皮的事又很多，于是一切就得过且过随它去了。工人是越省事越好，监理主要是坐在屋子里喝茶抽烟顺便帮施工方站岗放哨的，现场经理有一系列的"外交事宜"要办，而且管着好几个工程，等他到现场生米已煮成熟饭，好吃不好吃，饿了都得吃。如果基础夯实了，垫层做得足够好，事故就不会发生。而夯实基础在当时几乎不必增加投资。问题就这样简单。隐患已深埋在那里，学校作为使用方怎么来管理？校方代表已经稀里糊涂地在验收文件上签了字，因为验收文件上没有签署意见的地方。而且大多数时候，所谓签字其实就是签到。你参加会议总不能不签到吧，只要你签了到，就等于最后的决议你也同意了。一旦验收通过，非但施工方高枕无忧，就是业主方也似乎脱了干系，至于使用方是否受得了那是使用方的事了。如果一旦酿成事故，他们自然要被追责，而作为使用方也有推卸不掉的责任，至少属于监管不力。但怎么管理？我要是说这段看上去一点问题都没有的路可能要塌陷，谁会相信呢？谁愿意拿出一笔钱来重修这段看上去好好的路以及它下面的管道呢？结论是只有等到它出问题的那一天。我们能做的，就是瞪大眼睛，从避免人身伤害的角度防患于未然。所以，学校安全工作是常态化的，花再多的心思都不是多余的。如果我们每一个人，包括全体师生都"用心"，即便我们身处险境也必定会化险为夷的。

在建设平安校园方面，我们花了很多气力，但仍无法高枕无忧。视频监控，周界报警，24小时安保巡逻，设施设备定期检查，值班人员反复巡视。见到栏杆用手推一推，走到柱子边用手敲一敲花岗岩，上厕所也要敲打敲打墙面瓷砖，站在玻璃屋顶下往往要端详半天，看到一根露出的电线一定要问个究竟。教室要点名，宿舍要点名，骑车要培训，坐车送上车，安全教育天天喊，逃生演练年年做。如此这般，你敢说就不会出问题了吗？不能！甚至明知道有漏洞也堵不住。堵漏洞是要付出更高的成本的。还能怎么办？要进一步提高全体师生的安全意识。要让大家知道你是自己人身安全的第一责任人，不该去的地方不去，不该做的事情不做。时时事事养成安全评估的习惯，尽可能远离危险，万一身处险境能够镇定沉着有效地摆脱险境。

作为教师，有责任培养学生的专业精神，很多建筑事故的原因并非"减料"而是"偷工"导致的。"偷工"也并非图省事，常常是因为缺乏专业精神。没有一股子认真劲，是"差不多"先生，而"差不多"先生基本都是我们做老师的学生。我们天天喊教育质量却没有关于"质量"的教育。我们在每一个教育环节上都将质量意识和专业精神传授给学生了吗？我们要意识到，今天那些陷我们于"热水坑"的"马虎"先生和"差不多"先生曾经都是我们的学生。没有教育好他们，我们也有责任。建筑质量往往引人注目，其实更多的问题是出在产品质量上。小到水龙头、停电应急灯，中到空调、电视机，大到汽车、飞机，质量都可能会出现问题。哪怕是几百块钱一支的钢笔，也可能买来就是坏的，而且是修无可修。要想有效解决这些产品质量和工程质量问题，通过制度来约束是途径之一，但根本的办法还要寄希望于教育，否则不能治本。

2012 年 8 月 26 日

令人不可思议的事
为何会发生（一）

今天早晨升旗仪式集合的时候，我从升旗台顺跑道绕了大半圈，一队队学生陆续向操场走过来。走过初一年级，忽然想起上周偶然发现初一新生没戴校徽的事。当时没有往深里想，过后便忘了这件事。此刻，虽然初一学生还没有全到，但我可以根据现场情况断定他们没有拿到校徽。走到教师队伍，我问新生的校徽发了没有，教务处负责人一脸茫然，德育处负责人说没有。我反问一句，为什么开学两周了校徽还没有发？也就在那一刻，一个疑问在我脑海中涌现：不可思议的事为何会发生？

开学第二周还没给学生发校徽算是不可思议的事吗？这是件小事，本来不算，但在附中应该算是不可思议的事。学生佩戴校徽是德育处常规检查的一部分，是一直重点强调的。那么，这一周的德育常规是怎么检查的？校徽保管在德育处，是免费发放的。发放校徽也是常规工作，没什么好研究的，也从来没研究过。但为什么会出现这样的"事故"？校徽的一大功能是出入校门的"通行证"，初一、高一新生是最需要这张"通行证"的，因为他们还没有拿到校服，身上还没有一点点附中的符号。但偏偏越是需要的人越是没有。同时，这个开学季非同寻常，安全工作比以往任何时候抓得都紧，甚至学校在第一个周末破天荒第一次暂停了对家长的开放。为什么偏偏在非常时期出现了这样的"疏漏"？

不可思议之处还在于，全校上下居然没有一个人发现这件事。也许有人发现了，但至少在我看来等于是没有一个人发现。我不知道有没有学生问过老师，但我估计没有老师问过德育处，而德育处肯定是浑然不觉还有这么一件常规工作没有做。我们天天要求学生记得佩带校徽，最后连我们老师都忘了这件事，甚至连全年级学生没有佩戴校徽都视而不见，我们有什么资格批评偶尔疏忽忘记佩带校徽的学生？

回到办公室，我忽然觉得高一年级学生也没有佩带校徽，赶忙询问了年段长，果然没有。高一同学进校已过了两周，而且还参加了军训，居然没有人提起这件事。

我自己也一直在反思、反省。高一学生军训的时候我怎么就没有意识到学生没有佩戴校徽？我自己每天都佩戴校徽，为什么没有意识到整个年级的学生没有佩戴校徽可能是个事儿？我每天不止一次走过每个教室，从早到晚都在学校里，与学生共餐，看学生做操，为什么没想到这件事？为什么在偶然间发现这个问题后没有深究？唯一能解释的是，这件事已淡出了我的视野，已经不为我关注。对于绝大多数教育现象或者说校园现象我依然保持着非同一般的敏感，但进一步追问的动力和韧劲儿有点减弱。所以，会出现某个想法在脑海中一瞬间浮现，过后便忘掉的情形。客观上，学校越来越大，分工越来越细，校长管得太宽不好，于是自己也产生了依赖心。校长有了依赖心，学校管理中的漏洞就少不了。

我是带着敬畏心在做学校管理工作的。我一直认为学校管理是一门重要而精深的科学和艺术。不经过努力，不是什么人都可以做好管理工作的。非常奇怪的是，偏偏是教师这个群体中有很多人藐视学校管理的专业含量，所以会出现不少教师甚至是优秀教师担任学校干部后，管理能力和管理水平很难得到提高的情况。原因出在缺乏敬畏心，认为这是可以轻易做好的事。今年 4 月份，我在《中国教育报》上发表了《专业精神应成为好校长的信仰》一文，其中有这么几句："校长是和教师、医生等并列的一种独立的专业技术人员。严格地说，那种以优秀教师自居、不懂管理且不以为意的校长是不合格的校长。如果对校长专业缺乏敬畏，对校长的履职缺乏工匠精神，即使勉强符合规定的 6 个方面 60 条的'专业标准'，也很难成为优秀校长。"学校里的其他干部何尝不是如此！

不可思议的事为何会发生？根本原因出在我们自身，对职位缺乏敬畏感，对履职缺乏工匠精神。

什么事都有可能发生。即便事发后觉得不可思议，但就是发生了。有一本儿童读物《世界上最不可思议的事情》，罗列了发生在世界各地的一百多件不可思议的事。不是我谦虚或过于自责，与我们这件事比起来，那些事未必有什么不可思议的，因为性质不同。大约在 15 年前，我原供职的学校承办一次成人考试，共两天四场。到最后一场开考时，考官才发现某个考生坐错了位置。不可思议的是，他的坐位也被另一位考生坐错了。更为不可思议的是，他们两位互相坐错了。两个楼层，不同考场，他们同时坐到对方的座位上去了。事涉近 20 位监考老师（因为每场轮换），两位考生，还有检查、复查的人。其中只要有一人细致一点就不会发生这样的事，但居然就发生了。这个故事我经常在考务会上说，提醒大家监考要认真再认真。但在上学期期末的一次校内考试中还是部分重现了，监考教师还是位老教师。可见，认真与否与年纪无关。

乍看上去，我们不可谓不忙，但我们深思过没有，我们到底在忙什么？这也使我想到我们的教育。我们天天忙。老师忙，学生忙，大人忙，孩子忙。为什么就那么忙？我在心底问自己：我们如此忙乱，会不会有更重要的事被我们忽视掉了，而且看上去还那么令人不可思议？

2017 年 9 月 11 日

令人不可思议的事
为何会发生（二）

大约是开学后不久，早操后我路过游泳馆的热泵房施工场地，决定走过去看个究竟。地面上立了个钢构框架，地坪刚做好，两根大人手腕粗、一根小孩手腕细的管子立在地坪上。我的疑惑生于那三根管子立起来之时，地坪做成后我的疑惑与日俱增。我的直觉告诉我，大约那三根管子就是热泵房进凉水、供热水的管子，因为别无他管。而常识告诉我，这三根管子100年也不可能烧热蓄水量为1800立方米的游泳池。校长要管大事，校长不能多管闲事——我一直这样告诫自己。那一刻，我实在控制不住，让总务主任喊来了施工负责人。我问他这三根管子是干什么用的，他说是给游泳池送热水的，我说这三根管子能起什么作用，送到地老天荒游泳池里的水也热不起来，他说就是这样设计的，我无话可说。按图施工，他没有错。当然，知道错了，他可能也不会说。返工多挣点钱，于他并无坏处。我说让你们老板来找我。

半小时后，老板打来了电话。老板说，校长您搞错了，那是淋浴的热水管，游泳池的热泵在地下。我说这样我就放心了，那三根小管子能起什么作用！不过我又追加了一句：淋浴用热水，用得着盖个房子吗？太难看了！安装几台热水器就可以了。老板回答很笃定：就是那么设计的。我不想生气，随他去吧！

过了几天，早操后，我到游泳馆里面看看，现场经理陪着我。到了机房，看到水箱做好了，我问他热泵在哪里？他说热泵在上面的房子里。我很吃惊地说，你们老板跟我说，上面是淋浴用的，游泳池的热泵在地下。地下在哪里？他说，地下肯定没有，就是这样设计的。我抑制住要骂人的冲动，冷静了五秒钟，平静地问他，热水怎么才能送到游泳池里？他说他不知道。我给老板打电话，老板说，校长您说的是对的，热水管道忘记设计了。我愣了半天。太不可思议了！这相当于西气东输，新疆的气田准备好了，上海的用气单位也准备好了，结果管道没有设计，西气怎么东输？我说怎么办，他说设计单位补设计，他们过来埋两根管。面对这帮"傻子"我只能苦笑。据我推测，设计人员不会傻到这个地步，一定是相关部门的"傻子"让人家改来改去改糊涂了。

国庆放假我有两天没有到工地，他们破路和热泵房地坪埋进两根粗管。管道只铺了一小段我就叫停了，理由有两个：一是没有保温措施；二是接头处我不放心，必须挖开查验。此时我才知道，热泵房本来设计在北边，后被要求改在南边，但机房没有相应地改到南边，致使热水管要从游泳馆的南边绕过整个游泳馆再从北边进入机房混合水箱，热水管长达150米。这么长的热水管直接埋在地下，热能损失是可以想见也是可以计算的。如果管道焊接不严密，滴漏也是惊人的。在我的强烈要求下，设计单位增加了保温设计。于是扒开重新施工。

热泵安装后我的疑问又来了。那四台小小的热泵能将1800吨的水烧热吗？常识告诉我：很难！但我没有科学依据。我只能将我的疑问三番五次地反馈给他们，反馈回来的信息是应该可以。我说可以就好，不要再返工，你们挣不到钱是小事，影响附中的形象是大事，别人可不懂我们的工程管理体制。大概因为前面有教训，施工队听了我的话，在路面回填之前又埋了两个管子，以防万一。

元旦之前他们要验收，我说要验你们验，我们肯定不参加。我们验收有两个要求，一是水温达到设计要求 28 度，二是至少要保证一个月水质还是清洁的。前者说明热泵起作用，后者说明水处理系统起作用。至于结构方面的问题我们不懂，由专业部门说了算，也不是我们的职责。元旦前后，热泵运行了 5 天，水温几乎没有什么变化。我说，别再开了，5 天都没什么变化，开 50 天也没用。每天电费 1000 多元，要开你们付费。施工方承认，水温达不到要求。

到今天，也没有人告诉我问题出在哪里。更难听的话我不想说。

还是游泳馆！

根据总体设计，游泳池同时是消防应急水池。当发生火灾时，当市政供水出问题时，当停电时，我们可以启动备用发电机和加压泵，将游泳池中的水用来灭火。这也是要建游泳馆的主要原因之一。

但是，又一件事引发我的疑惑。

元旦前，施工方以清洗游泳池为理由要放掉全部蓄水。我很是舍不得，因为一池水超过 6000 元钱，但只能让他们放。我警告他们下不为例，再放你们出钱。令人意想不到的是，排放一池水需要两台小水泵工作四天四夜。当初我提议利用地势采用自然排水的办法，但未被采纳。水放了两天后，施工队也着急了，他们利用消防管将水反抽出去。那天中午，老师们拍了张"水漫金山"的照片发在群里，我立即说：不能这样放水，小心会出问题。果不其然，路很快被冲坍塌了。正是这个事件，我才明白了游泳馆水池的布局。游泳池与紧邻的消防池是连通的，而且事后了解到，两者间并无阀门。只要加压泵工作，只要消防栓用水，游泳池里的水就会源源不断地向外输出。我的担心是，消防水会不会因为压力强大而流到生活用水的管道里。如果是那样的话，我们喝的水有可能是我们的洗澡水。这是绝对不可以的。

按我的理解，所谓消防应急用水，应当是"应急"用的。也就是说，日常消防用水可以合并到生活用水中。因为全校用水都是通过二次加压供水的，压力可以抵达应达之处，无须专门为消防用水加压。当然，专门加压并无不可。即便如此，也应当将市政用水或加压后的生活用水接到消防池，在消防水池和游泳池中间加装阀门。一般情况下，不用游泳池中的水，应急情况下开启游泳池。

消防加压泵一直在工作，压出去的水流到了哪里？带着这个疑问我们到了全校最高的地方——六号宿舍楼的六楼。水电工打开消防栓，水压很大；关掉加压泵，水压没有变化。加压泵的作用在哪里？水电工判断，消防加压泵的水管接错了，接到了校园道路上的消防水管中，没能接到教学楼的消防栓中。五号、六号宿舍楼的消防栓用的是生活用水，所以不受消防加压泵的影响。再去查看其他校舍，发现消防栓中没水，说明水电工的判断是对的：消防加压泵的水管接错了。施工队再次破路，这回终于接对了，所有的消防栓都有水了。但这样的管路结构并非最优的。当然，我是外行，我想的未必符合建筑规范。不过，可以告慰的是，我们应该喝不到自己的洗澡水了。

令我愤怒的是，为什么偏偏是我这个"爱管闲事"的校长发现了这些问题？这些工程都是"交钥匙"工程，学校并非业主单位，既不需要我们签合同，也不是我们付款，图纸修改也不需要经过我们。在我之前排着长长一队人，这些人都干吗去了？而即使我发现了问题也仍然阻挡不住荒谬的继续，这又是为什么？

想起了考到同济大学土木工程工科实验班的楚天同学，我给他的毕业留言是：造高质量的建筑！

2018 年 1 月 8 日

有些问题
是不能过夜的

昨晚 9 点 50 分，我从手机 QQ 中看到高三年段长黄海老师发的几条信息："高三 2 班陈同学用中控桌疑似被电到，倒地后学生立即关掉了总闸。""现在魏医生在检查。""他自己苏醒后没有什么印象了。""明天麻烦物业电工过来检修一下。"我随即回复："现在就去查一下，看看是怎么回事！""事情需要立即澄清。有问题必须马上解决！""必须确保用电安全！"我立即给电工拨电话，拨到一半觉得有点不妥，便给总务处炀宾主任打电话，他没接（后来知道他已经在开车赶往学校的路上了）。我接着又给分管后勤工作的张副书记打电话。他还在学校，答应马上处理。张副书记说，手机快没电了，处理完就不给我打电话了，我说不行，让黄海给我打电话，否则我没法睡。接着又接到炀宾的电话，他说正在组织处理此事，学生无事，我稍稍心安。

那一瞬间我的想法拐了几个弯。我先是觉得中控桌是不可能漏电的。假如漏电，教室内外有两道漏电保护开关，中控桌就根本启动不了。所以，我怀疑是学生因身体原因晕倒的。但陈同学我非常熟悉，她面色红润，活泼开朗，精神焕发，不应当发生晕倒的事。于是我又怀疑是漏电的问题。我想难道有人蓄意破坏？几道监控之下，应该不会有人这么大胆，而且要是一开始就漏电，早就电着人了。我又怀疑陈同学在那一刻身体出了问题，孩子的健康确实也不能大意。

晚上 10 点 20 分，黄海老师上传了电工检查中控的照片，张书记、刘主任、物业经理、黄海老师都在现场。因未得到回音，10 点 41 分我又留言："搞清楚了吗？首先要测一下是否带电。"刘主任回复："检查中控桌内各种设备没有漏电，另外学校配电盒有漏电保护，有轻微漏电会自动跳闸。中控设备反复开启多次没有带电。""我们去监控机房查一下当时的视频。"11 点，黄海老师在 QQ 里告诉我："视频监控显示没有触电的迹象。"随后将监控视频发给我。11 点 04 分，张书记在平安群里回复："从监控录像看，这件事不是漏电造成的。"快到 11 点半的时候，家长将孩子接回家了。

从监控录像上看，陈同学是离开中控桌后坐到旁边的课桌上慢慢倒地的，也即倒地的时候她并未接触中控桌。她倒地后有一位男生迅速走到中控桌边，而且两只手都放在桌上，未见其异常。假如带电，这位男生也会被电着。让我难以理解的是，为什么那一刻大家居然认为是中控桌漏电，而且老师也这样认为。陈同学晕倒的时候，晚自习督修的老师都还在教室，教务处钟主任也在，还参与了救护陈同学。我因此感觉到，一方面老师和同学们的用电安全意识强，另一方面对使用电器的安全多少有些疑虑，说明我们在这方面的宣传力度还不够。我之所以要求立即解决这个问题，最主要的就是要确保师生安全。如果怀疑有问题还不立即解决，这差不多就是渎职。同时要及时"澄清"原因，不能让学生存有疑虑。一所存在安全问题的学校，一所被学生怀疑安全存在问题的学校，就是一所问题学校。学校必须确保师生安全！确认没有问题后，我半夜 12 点半后才开始入睡。

早晨我给陈同学的妈妈留言，让她带孩子去查查，但也不要过于担心。陈妈妈让我代她向各位老师致谢。张书记、刘主任已经安排相关人员进行了一次全面检查。小心无大错。下周计划中，总务处按惯例本就安排了一次校园隐患排查。

为了不打搅更多的老师，2015 年 6 月，我们建立了"平安校园"QQ群，在群里的是学校干部、值班老师、年段长、教研组长、校医、物业和食堂负责人等与安全工作有紧密关系的人员，目前有 46 人。这个群昼夜繁忙。一般老师并不知道群里（学校里）发生的很多事。为了确保校园平安，这个群是没有昼夜的。每天深夜我都要看两三次。

2018 年 9 月 15 日

"你不要生气"
让我真的有点生气

前天近午时分，我到校园几处施工点转了转。返回办公室途中，远远看到艺术馆舞蹈教室下面橱窗处的绿化带笼罩着一团水雾。走近一看，是水管打开了，水流在绿化丛中四溅，声音很响，原因不明。玻璃幕墙上，道路上，天花板上，橱窗上，到处是水，周围无人。我拍了张照片发到"平安校园"QQ群里，问了句"此处水管是不是有问题"，物业经理回复"不是，保洁开的水龙头"，我问"干什么"，经理又发"早上开的""绿化浇水的"，我回"有这么浇水的吗"。随后我上传了五秒钟的视频，现场情况一目了然。

我正在琢磨怎么关掉水龙头，物业经理过来了。我说："哪有这样浇水的，遍地都是？"他说："主要考虑平时浇不透。"我说："怎么就浇不透？浇不透也不能这样漫灌。都浇了两个小时了，不还是有地方没浇到。"因为地不平，地势高的地方仍然没浇到。我说："你要有人在这儿看着浇。不然还是涝的涝、旱的旱。这不是浪费水吗？"他又连说几遍"怕浇不透"。联想到上次喷泉开了一夜，第二天早晨我路过时趴在地上才关掉的事，我不禁提高了嗓门说："怎么浇不透？我来浇给你们看！"他说："你别生气！"听到这句话，我不想再讲话，转身离开了。他走进绿地，关掉了水龙头。

"你别生气！"这句话让我真的生气了。单听这句话，似乎错在我。什么大事，不就是浪费点水吗，犯得着生气吗？其实，在他说这句话之前我并未真的生气，只是就事论事地说说。事后想想，也许是语气上带有某种腔调。我希望听到的话是对这件事的检讨。所谓浇不透，是因为你用时不够。你拿着水管挨着浇，只要时间足够就一定会浇透。如果你能用钉耙松松土，那就更容易浇透。如果你觉得站在那里很累，或者同时想做点别的事，自然也可以。譬如接个水管放在那里，水量开到适中，任其浇一会儿，等会儿再换个地方。但不能这样任其四溅，既浪费水，又达不到目的，还会弄脏玻璃幕墙，弄潮橱窗后板。但是，这个时候，你听到的永远是狡辩，明明一句道歉或自嘲即可以化解一切，但是，你永远听不到。你听到的通常是"你别生气"，让我感觉到最终还是我的修养有问题。

回到办公室，在这个视频后面我留言："如果是自家，就一定能找到更好的办法！要从根子上改变这种粗放的管理方式！"如果觉得事不关己，自然可以高高挂起。如果干部也抱有这个想法，则问题就会层出不穷。为什么会出现喷泉池子的水流一夜，而且不止一次？是因为不用心。他的时间金贵，又是日理万机。水龙头打开了人就离开了，接着下班就回家了。然后就出现了那道经典算术题的变式：进水管和放水管同时打开，什么时候水池能放满？其实，放满后水就开始漫溢，一晚上白白放掉很多水。你要是说他，他又告诉你"你别生气"。我不是个过分节约的人，甚至有些"大手大脚"，但看到出现这种浪费现象时我就会批评，当我听到"你别生气"时我才真的生气。我觉得我的"生气"在某些时候也应得到一定程度的同情。

我这个"大手大脚"的人，在广播操的嘈杂声里能在一楼听到六楼的空调没关；我抬头看一眼电子阅读室，能从窗户玻璃上的水汽断定空调未关。在某个时间段，我会特别关注某些事，而我关注的点往往就一定存在问题，类似的问题判断我很少失手。所以我说"关键时刻有我""我在现场"。我更不是动辄批评人的人，但我希望能够看到一种应有的姿态，而不是出了问题无所谓，还狡辩栽赃，我就不能容忍。

前天中午回家，我将这五秒钟视频放给太太看，解释给她听，又说了"你不要生气"的事。太太没有安慰我，反而说"你有的时候就是有些严厉"。我相信太太的感受，所以我也要检讨自己。沉默了一会儿后我说，不在其位不谋其政，换个位子我也没必要生气。太太又说，你比较一下你对待同事和学生的态度。我似乎若有所悟。

前天傍晚我在操场跑步，6点半的时候，校外瓦格宁根路上的路灯亮了。现在昼长，路灯7点10分开启完全可以。附中的路灯定时在7点10分。看着马路上亮着的灯，我虽然有点"感觉"，但一点也不生气。但如果附中的路灯这时亮了我肯定要问，一问再问还是这样我就要批评，批评得不到合理回应我就会有点生气，生气后还听到"你不要生气"我就真的有点生气了。

在厦大附中，我就是个多管闲事的人。在我的同学和朋友眼中，我多少还有点"愤青"。翻看我写的东西，不承认也不行。然而，从教35周年，让我感到最失望的是，现在的青年学生太过于世故。

写到这里，忽然想到龙应台在1984年写的那篇短文《中国人，你为什么不生气》。35年过去了，我承认，我依然是还会生气的那一小撮中国人。

2019 年 8 月 1 日

让"爷爷"满意
也是学校的义务

开学前的一天下午，一位初一新生的外公找到我，希望我帮他做两件事。

一是外孙有点胖，有过敏性鼻炎，每天早晨起来总是要打喷嚏，还会经常流鼻血，需要有人帮他滴药水。为了有人帮助他，也免得打搅陌生同学，他希望将外孙与他的小学同学安排在一个宿舍。他拿出了一张写有四个姓名的纸条，我看了一下他们的分班检测成绩，觉得问题不大，便承诺尽量安排。我不敢打包票的原因是我不能保证别人愿意和他在一个宿舍，需要背后做点调查。

第二件事，他外孙夜里睡觉不稳，常常半夜突然坐起来，然后又稀里糊涂地随便倒下。为确保安全，家里是将席梦思放在地上，让他席地而睡。我们宿舍全部是上床下桌，他担心外孙睡在上面不安全。他与我商量说，能否让他自费将床铺的护栏加高。他拿出皮尺说，可以的话，他量一下，然后请人加工改造。我说改造没问题！您提要求，我们按您的要求改造到位，不可能让您出钱！保证学生的安全是我们的首要责任。他说他认识五金店里的人，不麻烦。我说我不认识五金店的人，但我们能找到人，也不麻烦。最终我们按他的要求，将床改造成他满意的样子。开学那天，我提前去看了一下，一切安好，虚位以待。开学第二天，在一群初一新生中，我认出了这孩子。问他睡得怎么样，他说很好，于是我就放心了。

面对家长提出的类似要求，我们如何应对？这位爷爷是一位退休不久的教育工作者，从一线教师到校长到教育局副局长再到督导室主任，可以说熟悉学校教育的每一个环节。难道他不知道学校有别于家、学校教育有别于家庭教育吗？他为什么会提出在学校、老师或者其他人看来有点过分的要求呢？我从他的言语中可以看出外孙就是他的命根子。如果说，改造床铺是出于安全考虑，那么，要求这样安排宿舍显然有点自顾自、强加于人的意思。我们自然可以理性地评判他的教育方式，也可以"以公平的名义"对他的要求置之不理，但最好的方式肯定不是"断然拒绝"。我们不能按照爷爷对待孙子的方式办学校，但我们要理解爷爷的心情。让"爷爷"满意也是我们的义务。

办学生喜欢的学校，其实也是办家长信任的学校。"爷爷"不满意、不信任，学校教育的效率就会大打折扣。学校应当积极呼应家长的合理要求，应当及时对学生和家长不满意的地方加以完善，赢得学生和家长的充分信任。对无法满足和明显不合理的要求，要畅通对话渠道，积极沟通引导，主动做好说理工作，取得学生和家长的理解。有原则的服务不同于无原则的迎合。在学校管理和教育教学的诸多领域里，很难达成绝对统一的意见，和谐是相对的，矛盾是绝对的。学校服务学生要遵循教育规律和人的成长规律。学校不仅要对学生的健康成长负责，还要引导家长成长，形成家校教育合力。所以，学校教育不能无视学生"爷爷"的感受。

让"爷爷"满意绝不是件简单的事。我之所以不敢贸然同意这位爷爷给孙子选择宿舍同伴的主张，不单是怕引起攀比，也不仅是不乐见其"溺爱"，而是怕引发更复杂的矛盾。碍于面子，有些家长当面同意孩子住在一起，背后立即表示反对，还希望学校保密。此时便考验学校的管理智慧和艺术。大家有共同的利益，也有各自的诉求，必须设法协调好各种关系，让所有的"爷爷"都满意。

让"爷爷"放心，让"爷爷"满意，让"爷爷"加入到我们的队伍中来，是学校无法回避的工作。

2017 年 8 月 22 日

不是天热
就可以吃凉菜

2009年6月，我们自主招收的第一批高一保送生141位同学提前进校，进行初高中衔接教学。学校食堂同时试运行。为了保证就餐师生能够吃上热乎的饭菜，所有售菜台都安装了保温设备。因为人少，就餐时间比较集中，所以饭菜一直比较热乎。秋季开学后，就餐人数增加，就餐时间拉长，我有时就感觉菜有点凉。我给食堂讲了几次但仍时有问题，终于有一天忍不住进去检查了一次，结果发现加热装置未开启。我问为什么不开，经理说，天热，不需要开。我说，您这话真让我开眼界，没听说天热就要吃凉饭。我嘱咐他，无论气温多高，饭菜都要确保是热乎的。我强调说，不是天热就可以吃凉菜！不久我又发现馒头经常也是凉的。我又要求他们采取保温措施。为了满足供应，馒头通常是晚上蒸好放在冷库里，第二天早晨再上蒸笼加热。但因为量大，露天放在那里，很快又凉了。由于老师吃饭更迟，所以馒头经常是硬邦邦的。我给他们提出了具体的解决办法。这之后，他们都做了保温处理。我比较满意，但不算十分满意，而且还要经常敲打。

学生及一些青年教师，因为胃口好，能将就，除非吃到苍蝇和头发，否则他们不会提什么意见。至于冷菜冷饭，他们一般都能凑合。只要我不说，估计也就那么着了。炊事员们也是图省事能将就的，冷饭凉菜他们自己也没有什么感觉。因为食堂的水电是无偿提供的，不会构成运营成本。不加热，纯粹是偷懒省事。这样几个因素一叠加，一个简单的问题就有可能成为"痼疾"。管理中的很多"痼疾"都是这样形成的，最后成了习惯，甚至形成一种落后的文化，深受其害而不能自觉。故服务者不能止于将心比心、有同理心，己所欲还不能简单施于人，还要细致入微、主动替被服务者着想。有一次我对他们开玩笑地说，你得想着这是给自家老人和孩子做饭。接着我又说，估计你们家的老人和孩子吃凉菜也没什么意见，但在学校我有意见，拜托你们做好这项工作。我承认，做好这件事无法一劳永逸。

类似的事在学校有很多。教师如不能细致入微，有的孩子在学校甚至连一套合适的桌椅都得不到。他一直坐着不舒服的桌椅，从初一到高三。他已经习惯了不发表任何意见。今年高考前夕，我得知考点校的桌面是有倾斜度的，我就有些不放心。按照考务要求，桌子要反边放置（本来已多余），一反边，桌面也向反方向斜了，影响书写。考点校的领导说，有点斜，但影响不大。我不太放心，坚持要实地看看。我专门到考点校的教室去坐了一下，确认倾斜角度很小不影响学生书写才心安。这样的"小事"，如果学校和老师不主动帮助其解决困难，学生就只能受着。

前不久，学生时事社举行模联活动，在场地、器材等问题上遇到了困难，老师们给了他们很多帮助，但还是有一些不尽如人意处。他们找到我寻求帮助。我知道老师也有难处，但我还是对同事们说，在确保安全的情况下全力支持同学们。同学们做点事很不容易，我们要保护他们的积极性，要理解他们。活动最后很圆满。活动结束后我对孩子们说，我参加了你们的活动，最大的收获是我知道怎么支持你们了。

我读高中时遇到的两件事至今记忆犹新。我在区高中读高一时发现了一件奇怪的事，周一吃的米饭是白的，然后是一天比一天黑，到周六基本是黑米饭。开始我以为是同学们带的米有问题，因为那个时候，学生要从家里带米。后来经过观察，我有一个惊人的发现，原来炊事员平时是不洗锅的，一周只在周六学生离校后洗一次饭锅。从周日晚到下周六中午饭锅是不洗的，所以米饭越煮越黑。我是班长，在忍无可忍的情况下，我拎着饭桶，带着几位同学找校长理论。我责问校长，这样的饭你能吃吗？那么小的学校，老师却有单独的厨房。两间厨房是隔壁，但校长、老师从来不进学生食堂。校长看了一眼没有说话。我记得自己很生气，空手回到了宿舍。那天中午我没吃饭，但情况并无好转。日子也就那么一天天过去了，我似乎很快就忘记了不悦。

高二下学期，县里将全县的尖子生集中到二中。我和同班一位同学报到比其他同学稍微迟一点，到宿舍一看，只剩下一张下铺。我找到总务处，老师冷冷地说，没有床铺，你俩只能睡一个铺。因为家离得近，我说我从家里拿张床来可以吗？他说不行，哪里还能放下床？也确实放不下，一间屋子里住了30多人。就那样，我和同学在一处窄窄的下铺上睡了一个学期，一直到高考。天气炎热，为了防蚊虫叮咬，我俩一直盖着厚厚的棉被。疲倦是最好的催眠剂，否则根本睡不着。我高考期间患了急性黄疸肝炎，与这段极不卫生的生活有很大关系。那半年里，我们班主任从未到宿舍去看我们，更不会主动帮我们解决困难。我还是所谓的好学生！

我特别不愿意说，也不相信是老师冷漠，但可以肯定的是老师在关心学生的问题上是无所用心的。而这样的老师现在并不少见。

不久前，一位高三女生碰到我，说有件事很困扰她，希望能得到我的帮助。因为临近毕业，图书馆一直在催她还一本书。她说她已经还了，是学生志愿者疏忽大意没能及时销账。她说老师三番两次催她，影响她的情绪。图书馆老师建议她先赔款，等高考后再去书库找，找到后再退钱。老师说，只要真的还了，就不可能被重复借出去。她本人也到书库找过，但在应该出现的地方没能找到。我觉得老师说的也有道理，但觉得她说的"老师的业务似乎也不够熟练"的说法并非不成立。所以，我对她说我了解一下，请她不要放在心上。我随后就到了图书馆，问了一下老师，证实了她的说法。如果她确实还了，站在学生的角度，她很生气是完全有道理的。我对老师说，我们要相信她，所以不要一直催她。第二天早操，我对这位同学说，老师不会再催你了，高考过后去书库找一下。她开心地笑了。后来了解到，她还是先赔了款，随后书又找到了，图书馆又将钱退给她了。这是一件小事，但我完全能理解这个小事带给她的困扰。所以我愿意为这个小事奔波。

今天的附中校园里到处都是求助电话，便于学生随时反映问题和反馈困难。一分钱难倒英雄汉。一个在校长、老师眼中看来根本不算问题的问题，有可能就是学生成长路上的拦路虎。更重要的是，校长、老师的一个错误决定就有可能变为拦路虎。没有特别的体验是体会不出所谓的无助感的。

2017 年 6 月 15 日

| 如厕问题

在昨天上午的行政会上，记不清因为什么，有同事提及曾在东门见到家长因内急想用门卫室的洗手间，保安没同意。我很生气，问为什么不可以用。几个同事说，周日临近中午的时候东门候访的家长很多，门卫室的洗手间只有一个厕位，不敷使用，保安也管不过来，经常被搞坏或堵塞。提前放家长进校园，车辆太多，既影响秩序又有安全隐患。进了校园上完厕所再自觉到校外候访的家长基本没有，所以保安只能冷脸相对。洗手间本是供他们用的，卫生也得他们自己打扫，所以他们就用一把明锁给锁上了。我承认这个问题被我忽视了，不曾引起我的注意。行政会上大家还在讨论其他问题，我一边听一边还在想这个事，五分钟后我插话说，暂时做个引导标志，告诉家长校园西南角围墙外有公共厕所。也有同事质疑其必要性，我说，我估计附中 80% 的老师未必知道有这个公共厕所，家长知道的就更少，引导一下还是有必要的。当然，他如果会导航也能找到。

晚饭后，我从西门出校，专门到公厕看了一下，条件非常好。随后从厕所沿学校围墙走到东门，走了 1100 步，差不多 800 米，需十分钟，确实有点远。在东门见到总务主任炀宾，我对他说，看来得想办法。炀宾告诉我，牌子已经安排做了。我俩在现场进行了讨论，初步打算明年争取对东门门卫室进行扩建。现有的门卫室太小，家长寄放的东西很多，经常下不去脚。

附中筹建十年来，周边一直处在开发状态，路上行人不多。我晚上下班常步行回家，偶尔会发现有男士站在路边小便。在附中墙外有，在嘉庚学院墙外更多。我曾经想过在南门立块牌子："本单位厕所对外开放。"但又顾虑安全隐患。前天有朋友吐槽，一天接到安全方面的文件14个，这种形势下，哪里可以随便放人进来。我曾口头对南门保安说过，真有内急之人特别是女性要给人家提供方便，让他们自己掌握。现在南门门卫室又腾出一间房做快递室，洗手间在快递室的里面，"外人"更不可能随便进了，只有到行政楼。如此，要主动服务"外人"确实很难。

大约是2016年，公用事业管理局计划在附中附近建一处公共厕所，我当然求之不得。他们希望在公交站亭处、学校围墙内建，用地自然是学校的，我没有同意。一则寸土不能让，让了就拿不回来；二则哪有将厕所建在门脸上的。我当即提出建在东门边的附中路尽头上，用一部分公共用地，一部分学校用地。他们又不同意，说离主干道太远，过往的人看不到。最终达成一致，在西南角公共用地上建。我觉得很合适，站在学校角度看比较隐蔽，方便西门外候访的家长，又不占用学校的地。那个时候，东门因为校内基建处在关闭状态，家长主要在西门、南门候访或等孩子。随后不久东门开放，又因南滨大道几个路口都被隔离带封闭，加之东门外附中路绿树成荫，学校对家长进出校门的方向也做了调整，于是家长到校大多集中在东门外。平时人并不多，周日中午到傍晚会有数百上千人。人一多难免就有不听管理的，乱停车的、硬闯的、拖家带口的、举止不文雅的、出言不逊的等等就不时出现。维持秩序都顾不过来，哪里还管得着上厕所的。

周日下午是学校卫生最差的时候，主要就是被部分家长糟蹋的。所以，学校只在周日中午至傍晚向全体家长开放。学校不可能敞开门随便进，寄宿制学校管理更为严格。宿舍区是相对封闭的，还有大门；宿舍楼还有门，女生宿舍是不允许男性家长进入的。出于效率方面的考虑，无法对那个时间段进出的家长一一验证登记，安全问题就只能靠加强观察、管理，也得靠运气，当然也得靠家长和学生的配合。尽量少来，尽量在规定的时间段探访，遵守规则，这就是配合。如果每个学生家长整天都在学校逛荡，学校还怎么办？学生可以把学校当家，家长就不能将孩子的学校也当成自己的家了。

因此，在东门外建一座高速公路服务区那么大的公厕是不可能的，在东门门卫室改扩建时适当增加洗手间面积以供应急是可能的。为今之计，上策是家长掐好时间点，人到门开。校内公共洗手间有 50 多组，随时可用。次策是在西门外等候，离公厕近。再次是从附中路走或者开车到公厕，时间虽长点，但目的地明确，权当散步。最后实在憋不住了，请门卫高抬贵手。我们会给他们提要求，应当灵活掌握。家长也要自觉，爱护卫生和公物。此处的洗手间并非公厕！保安的主要责任是把门，不是伺候您出恭！学校有义务搞好服务，但学校的直接服务对象是学生而非社会大众。

2018 年 5 月 26 日

老师为什么
无动于衷

我到教室听课经常会碰到这样的情形。

第一种：不关注教室的采光情况。教室里的自然采光条件发生变化时，特别是由明而暗时，老师不能应时而变，很少主动提醒学生开灯。节电自是好事，但一定不可以损害学生的健康。当然，老师绝不可能有意为之。在使用投影时，有些老师习惯性地关灯、拉窗帘，实际上根本没有必要关掉全部的灯、拉上全部的窗帘。有时，一节课使用投影只有短短的几分钟，但师生却在昏暗的教室里一待就是一节课。虽然我在会上也强调过老师上课要养成随时评估学生桌面照度的习惯，但不少老师还是缺乏这个意识。而学生要么敢怒不敢言，要么习惯成自然，老师不说，学生很少自发开灯、拉开窗帘的。所以，我到教室听课，一看光线不好，我就主动开灯、打开窗帘。也经常听到学生对我说：老师要用投影，不能打开灯和窗帘。我一般总是说，先打开看看，不行再关灯拉上窗帘。结果多数情况下是不需要关灯、拉窗帘的。如果使用投影要以牺牲学生视力为代价那还不如不用。

第二种：对明显的环境噪音充耳不闻。这种情况不多但确实存在。我在某班听课，总听到一种令人不安的噪声，似是音箱的电流声，亦似空调电机的声音。开始我一直以为是新装的空调有问题，颇有愠意。我站起来听听，室内机无噪声，将耳朵贴在窗户上听听室外机，似乎也不是。我悄悄地问学生，你们的空调一直是这样吗？怎么不说呢？他愣了一下说，是音箱的声音，一直是这样。只要用话筒就是这个声音。我颇觉不可思议，一直是这样为什么不处理呢？问题是这节课老师从头到尾既没有用到话筒也没有用到音箱，就那么听任噪声嗡嗡了一节课。我相信，就设备而言，不会有什么不能解决的问题。便是遇到了暂时解决不了的问题，也可以暂时关掉这个设备。起码在不用的时候可以关掉。可为什么就那么一节课接着一节课地嗡嗡着？老师听不见抑或无所谓？学生不敏感抑或司空见惯忍就忍了？

类似的情况有：譬如一节课有若干同学被老师点名发言，结果没有一位同学发言的声音能让人听清，但老师很少要求或指导其正确地发言。交流发言，要让听众能轻松地听到你的声音，这既是礼貌问题也是发言的目的。你讲了半天，别人一句听不清，岂不等于白说。老师要意识到，学生在课堂上发言或回答问题不是只要老师听到就行了，要全班师生都能听到才行。听说读写，读、写的能力养成我们往往很重视，因为要考试；而听、说的训练则往往被忽视，任其自生。教学生好好说话，老师既要示范，作表率，也要督促指导。只要重视，潜移默化，润物无声，自有效果。如果无动于衷、听之任之等于放弃。遗憾的是，我在课堂上很少听到有老师认真地教学生好好说话，包括站姿、神态、音量、语气、肢体语言等。

前几天，学生用粉笔将新版《中学生守则》抄写在艺术馆处的室外黑板上，字儿写得很漂亮。我路过看了一眼，看到"爱护公财物"，就知道丢了一个"共"字。于是在行政群里招呼了一声：室外黑板报要注意校对。过了两天没有动静，我就认真地看了一遍，发现至少还有两处有误：一是"和平共处"写成了"合平共处"；一是"珍惜生命保安全"掉了"护"字。我随手拍了张照片放在行政群里，负责的同事看到后督促学生改了过来。

回到今天晨会。"国旗下讲话"由高一4班的徐淑颖同学担任。由于个子小，经验不足，嘴没有对准话筒，与话筒的距离也远了点，声音很小，听不清。我的听力很好，我听不清估计绝大多数人都听不清。台上的老师没有反应过来，台下的师生也习惯做"沉默的大多数"。大太阳底下3000名师生就那么傻傻地站着可不行。于是我让身边的一位同学跑到台上告诉老师这个情况，老师只是将话筒移了一下，声音就出来了。

顽固的定式思维常常让我们犯下各种低级错误。面对问题之所以会无动于衷，往往是老师在定式思维的控制下没往细处想。

2016 年 9 月 26 日

从佳蓓
到永涛

　　在昨天下午的教师大会上，我谈了一点自己做班主任的工作体会。重点谈到了新班主任接任新班级特别是初中新班级"盯班"的重要性，谈到了怎么理解"关键时刻有我（我在）"等。班主任工作，说辛苦非常辛苦，说不辛苦也没那么辛苦，关键看是否"用心"。班主任工作，说复杂也复杂，说不复杂也没那么复杂，关键也看是否"用心"。班级管理要找准落脚点，如果围绕学生开展工作就会事半功倍，反之就会事倍功半。

　　前段时间，有个班级的几位同学找到我，反映他们班主任"不管班级"。我一听就明白了，班主任并非不管，而是管不得法。她只有自己的节奏，没有把握住学生的节奏，做不到和学生同频共振。本周一上午党委会上，我给相关的同事讲，个别老师可能不适合现在的岗位，可能要考虑调换一下岗位。她的素质不错，但需要在一个合适的岗位上历练才能理解附中的文化，才能更好更快地适应附中的工作。这需要调查研究一下，因为我完全是凭直觉判断。不想，周一下午一位领导就和我聊到这位老师。有家长向他反映，这位班主任工作还不够投入。我问理由是什么，他说班主任做了快一年了，还有学生的名字喊不出来。他说这几位家长中有做老师的，是懂行的。我会心一笑，说明自己的直觉并非一点不靠谱。在昨天的会上我就谈了这件事。班主任接班快一年了，本班学生的名字还喊不全肯定是有问题的。

我做班主任的时候，与本班学生第一次见面就能喊对三分之一学生的名字来，第二天至少能喊对三分之二，三天一定全能喊出来。我的诀窍是，拿到学生登记表后，首先背诵姓名，然后对照片，反复几次大体就熟悉了。前天晚餐在食堂吃饭，一位男生端着餐盘坐到我的边上，主动打招呼说："校长好！我是高三的，很快要离开附中了。在附中生活了三年，真的舍不得。"我说："以后常来呀！"他说："家也比较远。"我和他聊到从今年暑假开始，学校一年举行三次校友开放日活动，以后回母校参加活动很方便。我问他叫什么名字，他说叫什么，我只听到了大概字音，不好意思反复问，便点点头。饭后回办公室，第一件事就是打开名册，"按音索骥"，很快就知道是高三 7 班的林加杰同学。昨天早自习，我在洁行楼三楼走廊见到正在晨读的他，一下想不起来叫什么名字了，我就问他："林什么杰来着？"他说："校长记得我姓林就可以了。"我没有再问。刚下楼我又记起来了。我想，这以后我有可能在很长一段时间内都不会忘记。

我的同事们认为我的记忆力很强，特别是记人和记数字，似乎是过目不忘。其实，并非记忆力超常，而是暗暗地下了一些别人不曾下、不愿下的功夫而已。譬如数年前，市普教室十几位教研员同时到我们学校，我基本上都是第一次见面。他们来之前，我先将教育局电话号码簿上的相关名单抄在一张"小抄"上，且根据性别归类。见面后逐一记住一个鲜明特征，不时悄悄拿出"小抄"对照、印证一下，等到吃饭的时候，每个人我都能喊出来。他们在吃惊之余觉得受到了很大尊重。对学生和新来的老师我也是采取类似的办法。我在校园内问到一个学生叫什么名字，哪个班，我到办公室后往往要打开他们班的花名册，做个记号，将名字和人联系起来。以后哪怕远远地看到他，我就要回忆出他的名字；或者看到他的名字就要回忆一下这个人的长相。所以，我能认识很多学生。

今天凌晨 4 点钟醒来我再也没有深睡，脑子里一直在循环点名。全校

64 个班级，一个班主任一个班主任地循环点，从七年级 1 班的陈佳蓓老师点起，一直点到高三 10 班的许永涛老师，然后再点回来。明知道睡觉比点名重要，但就是睡不着。真个是西西弗斯！是的，每一个班级的班主任姓名都在我的脑海里。每天早晨我都要走过每个班级，每经过一个班级我都要提醒自己"这是谁的班"。所以，哪个班谁是班主任我非常清楚。事实上，一个新学年开学后一周左右我就能记住各个班级的班主任。自然而然，不需要专门下功夫。我觉得，考核校长是否熟悉课堂，最好的办法就是看他能否脱口说出某个班级的班主任是谁；再深入一步，就看他对教师任课情况的熟悉程度。如果天天走在教学楼里，记忆力再差也能记住。我非常清楚，同行中沾染"官僚"之风的大有人在。所以，带班一年还有学生的名字喊不出来，在我看来就是不可思议的事。

2019 年 5 月 16 日

我们无法
拒绝“人设”

　　因为某青年演员论文及学历造假风波，我学到了两个词："人设"以及"人设崩了"。"人设"就是指人物设定，即按照某个思路设定人物造型、性格等。"人设"本是漫画、动漫等艺术形式的人物设计，后也指经过包装的具有完美造型、理想人格和人气爆棚的演员。"人设崩了"，顾名思义就是现出原形、露出马脚了。另外，从事人物设计的人员也可以称之为"人设"。这是本人的理解和概括。

　　上周六晚 10 点多，我接到一位家长的留言："姚老师，是私德重要还是业务能力重要？""真是一言难尽！"我回复："当然是德为先。德艺双馨岂不更好！但世间事很复杂。"因为无头无脑，我不明其意，说不下去，我也不愿意耗费时间在手机上回复大段文字。随后她发来一大段话："知道您忙，不敢轻易打扰您。您的心光明如日月，办事又心细如发。您爱生如子，孩子和家长对您无比信任。有些老师也许是生活上遇到了难事，学校工会组织能否主动关心一下生活和情感上有困难的老师。希望在悬崖边的老师能急刹车，不负才华横溢，不负学子和家长信任，一时犯错还有改正的机会。在这浮躁的社会，要走远路不容易。希望领导以关心老师为出发点，如果能帮有困难的老师走出困境，安心教学，将是圆满的结局。我不便多说，望附中越来越好，造福社会。顺祝姚校长和家人安康吉祥！"我回复："有什么问题还望直言！谢谢！"她回："我有顾虑和担心。望您谅解！"我回复："说明您还不了解我。个别老师有问题我们正在调查，正需要家长和学生配合。校长不是侦探，不能及时发现问题并纠正，受损害的首先就是学生。"她回："我了解得不多，事情发生在其他家长和孩子那里，我担心这些家长是既得利益获得者，如果他们不承认或为了孩子有顾虑呢。"我回："不勉强！"她回："我更希望的是帮老师走出困境，改正错误，善莫大焉，不负满腹才华。家长们也觉得可惜。让这些家长举证我还真不知道。""深夜打扰，先休息吧。祝您好人好梦。"自始至终都是"黑话"。因为我不知道她的孩子叫什么名字，所以没办法准确猜出她反映的是哪位老师的问题。我隐约知道她的孩子在七年级，便给段长打了个电话，并将其中最长的一条信息转发给了段长，让他深入了解一下。

其实，前一天我已听说某同事可能存在某些问题，也交代相关同事查一查，但一时没有查出真相。我们不能无视问题的存在，也不能冤枉、伤害老师。此时最需要的是有价值的线索，将问题尽快搞清楚有利于各方。但当事人是沉默的羔羊，旁观者则事不关己高高挂起。事情一时陷入僵局。我一度曾想直接与当事老师开诚布公地谈，又担心捕风捉影打击了老师。那一晚我几乎没怎么睡。迷迷糊糊脑子里始终回旋着"人设"和"人设崩了"这两个词。我一直说，厦大附中是无数学校中的普通一校，其他学校存在的问题和隐患我们都存在，只是我们暂时正气占上风，文化有力量，管理到位，使问题解决在萌芽状态，没有爆发大的危机。表面风平浪静，但不等于问题和危机不存在。如果我们不加倍地克己和努力，随时都会出现大问题。我们的头上始终高悬着一把达摩克利斯之剑，危险无时不在。但只要我们意识到这个问题，不陷入到"温柔之乡"里忘乎所以，我们就能与问题和危机和平共处。与具有一般解决问题和危机的能力相比，拥有与问题和危机和平共处的能力更重要。因为我们就生活在问题和危机之中。没有一所学校敢说自己是完全"免疫"的。我常说，质量提升是永恒的任务，一刻都不可以懈怠，但质量问题至少暂时不会让厦大附中一击而倒。我们最大的压力是面临一系列可以使我们一击而倒的问题和危机，需要我们夙兴夜寐地积极应对才行。

我们无法拒绝"人设"！从善意的角度来理解，有那么多的人无偿帮我们塑造"人设"，我们还感激不过来呢，干吗还要拒绝？但我个人打心眼儿里不愿意被"人设"，奋力拒绝"人设"。所以，我几乎不接受任何媒体采访，不主动申报任何荣誉，如非不得已我也不赞成学校什么荣誉和称号都申报。被捧杀是非常容易的。我常对同事们说，我们难道看不清自己吗？盛名之下，其实未必不是难副。我们自己不能装糊涂。我们为什么要和别人比吹牛呢？如果说我们优秀，是因为我们比别人更努力。如果我们不努力，我们可能还不如别人。我不想多说，内心的真实想法都写在《安静做真实的教育》一书中。

但我们又无法拒绝"人设"。我们有权在合理的范围内评论一切人事，自然我们就无权拒绝被评论。今天的附中"人设"还算是高大上的。周边的房子被卖空、托管机构遍地、招生季门庭若市等等都是无奈而无聊的佐证。更重要的是学生和毕业生对学校的真心喜爱，证明了学校在他们心目中的"人设"是伟大的，口碑是最好的评价。我生怕附中有一点点闪失，就是担心因"人设崩了"而辜负这些天真善良的孩子们。前天傍晚在超市偶遇一位在那里实习的 2016 届附中初中毕业生，她很热情地和我打招呼。她高中没能考上附中，上的大概是职业中专。问她班主任是谁，她想了半天才想起来，但一见到我就脱口而出"姚校长好"。短暂的收银间隙，她一直在说附中的好。离别转身那一刻一个想法很坚定地冒出来：一定要将附中建得更好，要让附中成为他们的骄傲。

本周前三天我们召开了五次党委会，在充分调查的基础上果断处理了个别老师存在的问题。我向来认为，没事别找事，有事别怕事。有问题不可怕，可怕的是任由问题蔓延。我们是一群平凡的人，附中也是一所平凡的学校，我们希望生活在安静的氛围中，做幸福的平凡人。但我们要努力做有尊严的幸福的平凡人，精神上要俯仰自如，人格上要顶天立地，能屈能伸，不卑不亢。

正因为无法拒绝"人设"，所以我们就要加倍地谨言慎行。稍不谨慎，我们的"人设"就崩了，至少是某个老师在某个学生心目中的"人设"就坍塌了。昨天中午，我太太提醒我："你那个放在食堂门口的校长信箱是谁负责的？会不会很长时间没打开看了。"我说："有可能。我也忘记提醒了。因为学生有事常常直接到办公室找我，信箱往往很长时间是空的，办公室负责的老师就不常看。"学校电子邮箱也有类似问题。不是人多就好办事，有些信息的回复效率还不如建校之初我自己"包办"的时候。我当即给同事打电话，下午另外一位同事拿来六封学生写给我的信。大多时过境迁，最早的一封是 2019 年 2 月 19 日写的。有封信的开头是这样写的："早就听闻学校的校长信箱很有效，我们怀揣着期待向您郑重地递出这封信。"看到这句话，我在心里自嘲：我的"人设"崩了。

我们自然不是为别人活着，所谓"人设"自可不理。"人设"无处不在、无时不有，某些"人设"崩了也没什么大不了。连伟人最终也得走下神坛，何况我辈？但我觉得，那些善意的"人设"应当成为我们奋斗和前进的目标。

2019 年 4 月 26 日

—中编—

服务即陪伴

如果对学生不讲善良、体贴，只谈法律责任，学校就不过是"强卖"知识的场所。

　　应该做什么和喜欢做什么是两个不同的概念，我们要意识到责任。责任不仅是"利他"的更是"利己"的，承担责任正是为了我们自己。

形　影

今天中午，高三学生全部离校。工地已于三日前全部停工。午餐后食堂也关张了。今晚我只好回家吃饭，我已记不得有多长时间没在家吃晚饭了。太太已放假五天，但我一如既往地按时上班，一日三餐在食堂用餐。太太拗不过我，知道我不可能在家陪她，于是每天下午到校陪我，晚上一起在食堂用餐，然后再一起回家。高三期末考（25日—27日），我照例一天要去看三四次，每晚要巡视晚自习。昨晚看到高三班主任在四号会议室开例会，便进去聊了几句，出门后又返回说了句："大家辛苦了！"大家呵呵而笑。转身离开时我有些莫名感动。大家很辛苦，压力也很大，感到幸福的时候不多。我也有压力，能帮到同事的地方也不多。我能尽力做的还是那八个字：力行垂范，共苦共情。说到底，无非和大家苦在一起。教书育人应当是幸福快乐的，但当下也只能自得其乐。

昨天晚餐后在操场上散步，跑步的林同学过来陪我们走了一圈。我倒着走他正着走，面对面。我祝贺他拿到中山大学的入场券，看得出来，他欣慰之余仍心有不甘。就实力而言，他应该考取更好的大学。但北大、清华自主招生的入场券他没能拿到。我鼓励他放下包袱，争取裸分考到心仪的大学。只要心态平稳，他完全有这个能力。一开始我甚至不太赞成他参加中大的自主招生。我觉得现在的"自招"就是个鸡肋，平添了优秀学生的焦虑，增加了他们的心理负担。我赞成扩大高校招生自主权。我认为这么多年高考改革的唯一亮点是高校自主招生，但目前的搞法劳民伤财，于选才而言也没有任何意义，不如彻底取消。求学、求知本也应当是幸福快乐的，但当下林同学们也是备受煎熬的。

苦，是个基本事实，但不能止于苦，要相信苦尽甘来，苦中有甜。甜和苦是相伴而生的，这就是真实的人生。在别人看来，我这个校长也够苦的，但我自己乐在其中，甘之如饴。也许是我洞悉人生后坦然面对，也许是我苦惯了不识甜滋味，总之，自觉这样挺好的。

前天下午，自觉有愧于太太，便主动提出陪她到普照寺转转。太太懂我心思，说不如就到学校转转吧。我们先到学校后山瓦格宁根路走了一段，然后又回到校园里漫步。看到夕阳下两个人并行的身影被长长地拉在校道上，我便拍了几张路面上的剪影，又到草坪上摆拍了几张，随后发到微信朋友圈，配了两个字"形影"。见影思形，如影随形，形影不离。圈内朋友点赞留言的不少，无非赞我俩神雕侠侣形影不离。其实，这个"形影"岂止是指我俩！睹影思形不能犯经验主义错误。只要不外出，我基本都在学校，呆在学校里的时间远远超过在家里。找到学校就能找到我，找到我也就能找到学校。我和学校也是形影相随，我和同事、学生也是形影相随。

和学校形影相随的又岂止我一人！在不久前的一次学校党委会上，我对大家说，要让我对学校目前的管理说满意，很难！但大家都差不多七天工作制了，作为校长我不能再说什么，我应该知足。我说，有一点我可以肯定，如果我们一周工作五天，到点上班，到点下班，这个学校肯定不是今天这个样子，肯定到不了今天这个水平。我们应该感到欣慰，我感谢大家。这种办法比较"笨"，但有效，能长久。科学过头了就是投机，而投机则往往就是一锤子买卖。学校管理不能投机，要立足长远。教育不相信奇迹，不要相信鬼话！

我与学校形影相随，一方面乃责任所系，另一方面是我发自内心地认为教育就应该是这样。行为世范，教师不呆在学校里，不和学生在一起，真正的教育就很难发生。我已做了 22 年校长，甘苦自知，也到了心灵自由的境界，名和利于我如浮云。某种程度上说，我这种校长领导很难管，官场上盛行的那些办法都用不上；从另一个角度说，我这种校长又很好管，核心就是两个字"少管"。你不管我会将学校管理得不错，你要多管就会管出事来。做了一辈子教师，现在无须过度委屈自己，我勤于工作完全是忠于自己的内心，绝非为任何外在的"人事"所役使。

　　2018 年的教育新闻中，给我留下深刻印象的是北京一零一中学校长更迭而非数不清的重要讲话。9 月 14 日，郭涵卸任校长，陆云泉接任。海淀区教委是一零一中学的主管单位，陆云泉是教委主任，他是在辞去教委主任后接任一零一中学校长的。这在很多人看来是不可思议的，而在我看来这才是正常的。对于人事的差距也正是教育的差距。如果教育局是管学校的，那当然无人愿意由"管"而变为"被管"；但假如教育局是服务学校的，谁不愿意由"服务"而变为"被服务"？这就是我们与北京的差距。校长立足课堂、扎根学校、心系师生应出自师德良心、道德自觉，不可能是"管"出来的。

2019 年 1 月 29 日

回 家

　　按说，回家不应该成为什么问题，但在中国，却是每年议论最多、媒体关注最多的问题之一。短时间内巨量人口迁徙，是奇观，也是奇迹。据报道，2014 年春运 40 天，客运量预计达 36.23 亿人次，数字超过全球人口总数的 50%。每年 7 月非洲动物大迁徙，包括角马、斑马在内，不过百万，中央电视台还兴师动众、连续两年远赴非洲进行现场直播。中国春运期间平均每天迁徙上亿人次，这才是奇迹。我猜测，全世界在这 40 天里全部正在搬家的蚂蚁加在一起也未必有 36 亿。其他还有什么动物能与之媲美的我实在想象不出来。如此，回家能不难吗？

　　腊月二十七上午在厦大科艺中心参加春节团拜，凡遇熟人，第一句总被问道：回家吗？我于是屡有异乡为客的感觉，难道这里不是我的"家"吗？团拜会后，我和太太坐公交车逛街，发现沿途街上已少了许多热闹。至于我们所在的开发区，可谓车比楼少，人比车少。与深圳相比，厦门不算典型的移民城市，但外来人口比例还是比较高的。一到春节，街上感觉少了很多人。除夕过后三五天，简直就是有些萧条。城市人被人"伺候"惯了，一到此时，种种不便就在提醒我们，外来务工人员的重要性丝毫不逊于城市本地人。我们一天不干活，城市照样运转；外来务工人员要是全部撤走，城市将会立刻瘫痪。

或许，我自己就是个外来务工人员。

附中与移民城市的特点很相似。附中的老师来自20多个省市，本地人很少，开发区的"土著人"一个没有。每学期期中考试刚过，就有老师问什么时候放假，要提前订车票或机票。日程安排得很精确，不亚于国家领导人出行。学期结束会后一两天内，90%的老师离开了开发区，要想搞个春节团拜之类的集体活动几乎不可能。为了能够顺利完成学期结束工作，学校规定，在学期结束会结束之前请假的一律要亲自到校销假，否则请假日期将顺延至本人到校为止。因为大家都要"回家"，每个人都有提前走的理由，但学校还得正常运转。

腊月二十七晚上，我人还在学校，就接到语文教研组组长的短信，说学生获得新概念作文大赛一等奖，我在祝贺之余不忘鼓励。28日上午我想在校园网上发条消息，想了解更多的信息，组长说暂时还无回复。我问谁带队去的，他说他征求了组内老师的意见，因为放假了，老师们都有自己的安排，没有人去。我说难道学生自己去的？学校不是让老师带队去的吗？经过了解，组长告诉我，其中一位学生的家长带队去的。我确实感到遗憾和不解！要是知道没有人去，我本人也可以去呀！何况一定有老师经转上海回家的，耽误一两天有那么严重吗？况且也有老师家住上海的。分管校长曾向我请示，我是同意派人去的呀！我深刻意识到，学校不比工厂、码头，学校尤其是中小学一定要依托社区、融入社区，不能远离人群成为孤零零的存在。师生有寒暑假，但学校哪里来的假期？

我也想回家过年。直到腊月二十，我留下来过年的信念还不十分坚定。儿子在国外，按理我们夫妇应该回老家陪老人过年，但心里一直很矛盾。公、私两方面的原因都有。在私，我们回家一趟，家里人也要因此忙碌许多；姊妹们都回去，吃饭、睡觉都成问题，还得住旅馆；是到我家，还是到太太家，还是各到各家？亲戚、朋友、同学各处一走，真正陪老人的时间还是不多，等等。在公，离开学校我无法放心，而且我几乎不可能提前确定自己的行程。同时，一颗担忧的心一直悬在那里，回家也自在不了。不是我信不过别人，但我也找不到完全放下心的理由。信任是在无数过程中建立起来的，不会凭空生成。命中注定，我得守着学校。

令我不得其解的是，学校发生过的几起树木倾倒事件居然都是我不在学校期间发生的。2008年国庆节，因为值班，我迟回家几天，于是迟一天回来。就在迟回来的这天，一场不大的台风刮倒南大门周边及中轴台阶上的20多棵树。2010年9月中旬，我在台湾参访，"凡亚比"台风不仅刮倒了不少树，还损坏了数十盏路灯，吹坏了一批玻璃，直接经济损失达五六十万元。去年春节，来附中后一直未回老家过年的我回家过年了，除夕那天老家下雪，开发区下雨，一阵风雨，居然刮倒了校内一棵高大的椰子树。这棵树后虽被扶起，但直到现在还在垂死状态。2013年7月17日，我回老家办事，7月18日夜间，一场未曾预料到的、似乎预报强度也并不大而事后又号称四百年一遇的台风正面袭击漳州、厦门，周边狼藉一片，南普陀寺放生池的鱼都游进了厦门大学。我们学校虽然只倒了一二十棵树，但有四五处道路小面积塌陷。让我最不放心的是食堂后面的挡土墙，回到学校后我直接跑到那里仔细查看，幸好无虞，确信没问题后我才放心。那天，家里无水无电，我们一家三口住在厦大宾馆。这场洗劫到今天还到处留有痕迹。来附中后我极少出差，而时间稍长一点的仅这几次，颇为吊诡的是每一次学校都出事。于是，我一点都不想离开学校，尤其不愿意在可能出现恶劣天气的季节出长差。我愿意守着学校。

当那天中午，一位小学生从东门（暂由施工队代管）遛进我们学校并且从窗户翻进教师办公室玩电脑后，我就决定留下来过年了。校园太大，太开放，周边的环境也发生了很大变化，安全形势日益严峻。我亲自召开假期安全工作会议，从老师到保安，面对面挨个地布置工作，事无巨细，讲了40分钟。学生离校后，我率领相关人员逐个教室检查，仍然发现了不少问题。制度不可谓不完善，强调不可谓不严厉。遗憾的是，腊月二十九日凌晨三点钟我走进校园简直如入无人之境，三处门卫、一处监控中心，居然没见着一个坐着更别说站着的人。原来电影里干掉岗哨的事是那么的简单。唉，叫我如何相信你！

今天是除夕。一早，太太问我还到学校吗？我说还是要去看看。来到学校，看到安静的校园沐浴在初升的阳光里，心情轻松之余也怀疑自己多事。可是，当我站在行政楼走廊透过窗户向东边眺望时，发现一个小学生模样的人从艺术中心的工地快速跑过来，他直奔行政楼后面，我意识到，"他"又来了！我赶快跑下楼，逐一拨拉楼后面的窗户，终于在掀开103室的窗帘后发现"他"已端坐在电脑前，电脑已经打开。显然，这台电脑的开机速度不慢。

将这个孩子交给值班老师后，我有一段时间情绪不佳。我在想，难道我是个不吉之人？为什么我一到学校就发现问题？有老师问，校长天天往学校跑干吗呢？我也搞不清干吗。如果我们的领导都装聋作哑，对问题视而不见，听而不闻，自然可以做一个甩手大老板。我忽然又想起美国传教士雅瑟·亨·史密斯在《中国人的性格》一书中说的："对中国人来说，盎格鲁－撒克逊人经常性的急躁不仅是不可理解的，而且完全是非理智的。很显然，中国人不喜欢我们的人格中所具有的这一品性……无论如何，要让一个中国人感到行动迅速敏捷的重要性，那是很困难的。"我想，难道部分中国人的性格中真的是有一种无可救药的"不良基因"？

算了。不说了。今天过年。

就趣味和情调而言，我真的喜欢在开发区过年。温暖的气候，安静的街衢，洁净的空气，遍地的花草。"面朝大海，春暖花开。"抬头可见繁华都市，转身可及地老天荒的山岩。天空如洗，大海似碧……在这个颇有些空灵之处，我们可以随时听到自己的心跳。少一分喧嚣，多一分禅静。挺好！

如果说1991年春节，在太太肚子里快六个月的儿子是一个真实的生命的话，我和太太就从未在二人世界里过过年。今天，儿子远在万里之外，由于时差的缘故，在马年到来的那一刻，他刚结束这个学期的考试，我们只能在电波里团聚。有老母亲在，我不敢言老，但事实上，我们也成了空巢老人。

儿子在给我们的明信片中说：今年儿子离开爸妈第一次在外面过年，虽然感觉有点奇怪，但我知道这只是个开始。

"回家"，也许是永恒的话题。

新年快到了，给大家请安！

2014 年 1 月 30 日

有一种尊重
叫热情

如果你满含尊敬口气或者就是很自然地喊一个人、跟他打个招呼，没有得到回应，他不搭理你，你有什么感觉？我想大多数人心里会有一些不舒服。类似的事如果几次三番地出现，下次你就有可能不愿意搭理他了。那种对人不热情（不一定对所有人不热情）、对人爱答不理的人生活中不乏其人。让我评价这种人，起码可以用一句北方话说是"不喜欢人"。也就是说，这种人不太招人喜欢。

附中的学生嘴是很"甜"的，普遍能够主动向老师问好。走在校园里，我每天至少能收获几百遍"老师好"。如果有一天这种风气变了，学生不再主动问好了，责任一定在老师——极大的可能是我们怠慢了孩子。我自己就有这种经历和体会。

生活中那种面对面时待人爱答不理的人不会太多。这样的人往往不会有太多的朋友。但是，一旦"背对背"，不搭理人的人就不少。在学校QQ群里，经常有人询问一些事情，在得到别人的帮助后，有少数人连声"谢"都不会说。结果是，一段时间后，谁也不爱理他了。在点对点的通信里，我也经常碰到这种情况，你给他打电话，他不接，也不回；你通过QQ或邮箱发给他材料或者留言，也不回，连个"手势"都不给；你给他发短信，他连"好的""收到"都不发给你。到底收到没有？你自己想去。

不排除有以下几种情况：1. 你打电话的时候我正忙，事后忘了；或者电话号码不熟悉，回过去怕受骗上当。2. 因为来源不熟悉，疑为骚扰电话、邮件或短信。3. 通过非常规途径群发来的，没办法回或无需回。4. 发生小概率事件：没收到、没看到，自然谈不到回复。当然，如果确认是来捣乱的，"不理"似乎也是一种处理方式，毕竟人的精力是有限的，每个人都有自己的生活。所以，这里说的"热情""尊重"主要是指"关系人"之间，如果是八竿子打不着的人自当别论。同时，如果你的电话多到接近 114 的接线员，使你根本无法完成自己的本职工作，你除了关机还有什么办法？如果你是重要领导，当然可以成立一个专门机构替你处理"打招呼"的事，秘书或许就是干这个事的。

我本人不喜欢煲电话，有什么事直截了当。我也不愿意张罗事，自己的事更是轻易不麻烦人。所以，我主叫的电话很少，但接到的电话不算少。我总体感觉是，我偶有麻烦别人的时候，但多数是别人麻烦我。所以，我对手机很烦，手机一响就很紧张。但既然少不了手机，我也只有硬着头皮用好它。我基本不关机，我觉得麻烦事横竖躲不掉。除非不允许，否则我不会拒接电话。只要有一面之缘，或者虽未谋面，但只要我清楚来路，发来的短信或邮件我都会回的，而且及时。虽然因此上过大当，但至今不改。我也比较忙，但还没有忙到那种程度，还能应付。如果读书也算是件"事"的话，那我肯定不会有闲暇时间。每一点时间对我都是有用的。所以，我不习惯陪人坐在那里聊天。虽然如此，即使是在校学生发来短信反映问题的，我也一定认真回复。收到学生来信，我一定会认真处理，有办法回信或能够找到本人的，我一定回信或面谈。有很长一段时间，校园网留言板上的回复都是由我本人做的。我觉得置之不理，就像是一个朋友当面向我打招呼，我居然不理人家。我觉得这是一件很不礼貌、不可思议的事。

今年"六年一贯制"招生结束后，我收到两封陌生人的来信，都是未被录取的学生写的。或建议，或请求，或遗憾，表达的都是对附中的向往。一封是通过邮局寄来的，一封是通过门卫转交的。一封留有联系电话，另一封没有联系电话，我通过报名表查到了他的联系电话。我都主动一一给他们发了信息，并且往返互复了几次。接到短信，他们和他们的家长感到很吃惊，在理解之余又多了一份感动。我自己纯粹是习惯使然，没有半点勉强自己的意思。当然，一个前提是，我还没有重要到连时间都不属于自己的程度。作为个人，我的社交圈子非常小，我更是很少主动结交人。然而，但凡与人相处，我必定真诚、热情，故朋友并不少。就个人的愿望而言，我希望附中人也都是真诚、热情的。我们校园里有亦乐园，源自"有朋自远方来，不亦乐乎"。但是，我是我，附中人是附中人，不完全是一回事。我不能勉强别人。

假期与保安杨师傅聊天，得知一件令我感动的事。去年"六年一贯制"招生报名时，老杨偶遇来报名的林彦辰同学和他的家长，作为"附中人"，他自然是很热情卖劲地"吹捧"学校一番。彦辰被录取后，老杨给彦辰写了一封四页稿纸的信，信的称呼语是这样的："可爱的彦辰同学。"信中有祝贺，有鼓励，引经据典，热情洋溢。信的最后一段是："现在用林彦辰的名字作一首诗，权作这封信的结尾。希望你鹏程万里，志向高远，树立远大的人生目标，永远激励自己向前！向前！"诗是这样写的："林木参天栋梁材，彦硕学府展风采。辰为北斗星辉耀，前程似锦望未来。"后面还有"附注：彦硕也称硕彦，指有学问的大师"。信的署名是"厦大附中保安杨叔"。他还在信中附了一页稿纸，给彦辰抄写了一首他自己写的词《沁园春·赞厦大附中》："南岸明珠，山拥海环，学风蔚然。听知景笃行，琅琅书声。玉琢成器，业授道传。园林雕塑，雨润花香。古榕观海兴波澜，教风正。看莘莘学子，覆海移山。附中绝美景观，引华夏师生竞相还。览咫尺鼓浪，生态双鱼，水岸书香，招银港湾，钟灵毓秀，荟萃群贤，誉满八闽势犹酣。望前程，啸长天苍穹，卓立云端。"稿纸后面是一句"说明：这是我去年刚来附中时写的一首词，现送给你，希望你能喜欢。"老杨算不得诗人，但他的诗显然比获得"鲁奖"的某些诗人的某些诗更能打动人。我让他将这封信的稿子复印给我看看，他不仅复印送给我，还附带送给我两页他写的《厦大附中校歌》。当然，这首"校歌"只能是杨氏纪念版，词太多，品位不够。他太爱附中，自吹自擂到令我浑身冒汗，这怎么能做校歌呢？但是，他的这份热情实在令我感动。校歌实在难以创作，我是十二分畏惧，故不到万不得已，我是不打算在自己的任上搞什么校歌的。校歌真的那么重要吗？有几个人会唱母校的校歌？在这件事上，老杨最让我欣赏的是他的热情，对工作的热情，对人的热情。

对他人连一份热情都没有，哪里谈得上尊重呢？

2014 年 8 月 27 日

一次
没有期限的实验

2012 年 11 月 23 日，我有感于一片校园绿化写了一篇博文《这块"三角板"能丈量出什么》。学校图书广场喷泉边种了几丛沿街草，无需修剪，四季常青。然而有一处拐角总是被学生踩踏，始终长不起来，三角形的黄土区像块三角板。"这是一块特殊的'三角板'，它能丈量出我们的文明程度，它更能直接丈量出我们对规则的尊重程度。"文章的最后一段是这样的："具体到这块'三角地'怎么办？有人说立块牌子，我觉得立牌子比黄土更难看。我想还是重新种上草。如果还有人踩怎么办？那就再种。要不要对学生加强教育？要的，但效果有限。你去参观一下大学里研究生的宿舍楼就明白教育的力量到底有多大。坏了修，修了再坏，坏了再修，这就是我们的工作。犯了改，改了再犯，犯了再改，这就是我们人类。"此后，在我的督促下，复种过几次，但从未长起来过。

文中还提到另外四处草地被踩踏的情况。有两处草坪已顽强地长起来了。之所以能长起来，一方面原因是经常强调使得极少有学生再去踩；另一个重要原因是它在一个便于生长的"档期"内一鼓作气地长起来了，"破窗效应"不太起作用了，于是就更少有人径直踩过去。第三处，一号宿舍通往食堂的路上，我们识趣地铺上砖，毕竟孩子不是圣人。第四处，实验楼"日知"石刻处已是道地的黄土地，草坪已荡然无存。但我仍然心有期待，不想硬面化。待学生教室搬到新楼后，还得绿化！哪怕种一点小灌木。

"三角地"一处的沿街草从未长起来的事实引起我的思考。我觉得，从一开始，一部分学生就没有意识到这是个花池，是草坪（严格地说不是草坪而是观赏草），踩上去没觉着什么。在初始阶段，我们（绿化工）没有下一番功夫让它长出来，它一直就不是块草坪。据我反复观察，"三角地"的草未必全是学生踩坏的，更大的可能是干死掉了。绿化工浇水总是用一个自动喷头，很少仔细地浇灌。喷头在那里旋转，"三角地"在它的半径以外，永远浇不到水。脚底板和缺水共同作用，于是那里就一直那么光秃秃的。凭我对学生素质的研判，我以为他们不至于一脚踹到好端端的东西上。一方面，我们老师还是对爱护花草强调得不够；另一方面，看上去它还不是个"好端端的东西"。于是，我决定做个实验。实验的要旨是，初期全力呵护，一定要让这里的草长得和旁边的差不多；长成后，要重点养护，至少不使缺水。然后再观察下去。

我决定亲自干。最重要的事就是浇水，不仅是润物的需要，更重要的是，浇成一滩烂泥让他下不去脚。但是，哪里来的浇水工具呢？我不可能一天三次从办公室提个桶去浇水。放个桶在那里，既有碍观瞻，又有可能被人拿走。于是，我想到了饮料瓶子。将饮料瓶子藏在附近一处隐蔽的地方，路过随时可用。3月25日中午，我从食堂要了个空雪碧瓶子，浇了一次水。当时看过去，一滩烂泥里只有几根草。傍晚我又浇了一次，来来往往的师生总是好奇地看着我。第三天傍晚，空瓶子不知所踪。我猜是哪位同学发现了这个"垃圾"于是就处理掉了。隔天早晨，我从家里带了一只大的空瓶子，早晨路过顺手浇了一趟水。在食堂吃过早饭后，在洗手池边的垃圾桶里发现了那只雪碧瓶子。于是，我将这两只瓶子都藏在那里。那以后，每天我浇三次水，每次八到十二瓶。从喷泉里躬身取水，来回跑四到六趟。猛起身，也有眼冒金花的时候。往来的师生总是好奇地看着，也有学生问是不是种了什么菜。我总是简单地回答：我要浇足水，让想踩踏的人下不去脚，让草长起来。大家都怀疑地点头。

浇了几天，总务处的同志说安排负责图书广场卫生工作的保洁员代劳，保证没问题。我觉得似乎应该没问题，就准备"荣退"了。但多少还有点不放心，于是准备观察两天。很快就发现了问题。一是她没理解我浇水的主要用意，以为只是滋润，所以次数和每次的水量都不够。二是双休日她就不管了，这显然不行。虽然随后向她阐明了我的意思，情况也有改观，但总不如我意，我只好再次亲为。有时，因为她已浇过，我只需要补一点即可。就这样浇了一段时间。除非下雨，一天三次，双休日亦如此。进入 5 月份以来，老天帮忙，几乎每天都帮我猛"浇"一至数次，我因此已清闲许久。每天从那里来回五六趟，驻足看看，偶尔拔拔杂草。或许是湿答答的缘故，或许有太多的学生看到校长在那里浇水而留有深刻印象的原因，此后，踩踏的事已很少有。我亲眼见到的只有一次。远远地看过去，一个快跑的初中生从那里踩了一脚，飞也似的融入到前面的人群中去了。

整整两个月过去了。草开始长起来。黄土地渐成草毯。

我有把握让它长起来！我再用心浇灌它一个多月，然后就是暑假。暑假只需要浇水，不必担心有人踩。我相信，到下学年开学的时候，它的长势当如周边。

开学以后怎么办？在自动喷灌喷不到的情况下，水还得长期浇下去，这可以托付绿化工或保洁员。但因为草已经长起来了，浇成烂泥让踩踏的人下不去脚的算盘就打不成了。所以，这个实验是一次无期限的实验，过程就是结果。

我相信，只要园丁有足够的责任心和耐心，哪怕它面临无止境的被践踏的威胁，这丛小草也一定能长起来。道理很简单，若小草苗壮，路过的人未必就忍心踩上去；若浇灌及时，施肥得当，少数几个人的践踏未必能伤害它。所以我觉得，第一个要解决的问题是园丁的问题，这是中国国情决定的。解决路人（学生）的问题有另外两个办法。治标的办法是反复强调，重点宣传，暂顾此处，他处另说，我相信是能够解决问题的。治本的办法就是从根本上提高人的素质，让每一个人都能用人情、事理推及法理，自觉做个守规矩的人。不能做的事、不该做的事，一概不做。不需要被人提醒，自己骨子里就是那样想的。难道道理不是明摆着的吗？坦途就在眼前，就在脚下，何故步入歧途，忍心一脚踩向如我们人类一般生如夏花的小草？

2014 年 5 月 24 日

我和学生
在公交车上

我上下班的主要交通工具是两条腿。通常我一天要走两万步上下，并非刻意锻炼，而是兼顾。下班回家基本上就是徒步，差不多风雨无阻，全程五六十分钟。上班则看天气，太热或太冷就坐公交车，有时搭同事的顺风车，有时走到厦大校园里骑车。总之是经常和初中的走读学生同坐一辆车。据我观察，学生给大人让座的不多。我曾经在早操时间对同学们说过：当我们能够主动地让座给到工地上班的农民工的时候才谈得上附中学生应有的素质。你不需要给校长让座，校长喜欢站着，但你应该给其他大人特别是老人、孕妇让座，也应该给其他老师让座。可能他们会给老人、孕妇让座，只是我没有看到；但我很少看到他们给后我上车的老师让座。当然，有些同学从起点开始坐，车程不短，有些同学在车上还看书，所以不太主动让座也是可以理解的，但学校教育似乎不应缺位。

今天早晨 6 点 23 分，我从第一医院站上车，有学生喊"校长好"，但没有学生主动给我让座。我相信也许有同学想让座但不好意思，开不了口。我习惯性地往后门走，一直走到车厢后部的座位前，依然没人主动让座。当然，一般我是不会坐的。这时我看到一位老人坐在地上，身子挨着边上坐着的学生的腿。我毫不迟疑地对那两位男生说，你俩不知道给老人让座吗？你们坐着能舒服吗？两位同学一骨碌站起来让座。老人说不必，他坐在地上就行，我坚持拉他去坐，我说，您去坐就是帮助和教育他们，您听我的，我是他们的校长。老人说谢谢，然后就坐在位子上，两位男生就站在边上。车行五站，到了附小站，老人下车了，说谢谢、谢谢校长。老人下车后，我对他俩说，你们再坐。两人不肯坐，他们说校长坐，我说校长站着舒服，你们坐，他们还是不肯。我说，你们不肯就是对我有意见。你俩坐着，我这边站着就舒服些。其中一位坐过去了，另一位让我坐，我只好坐过去了。

　　昨天早晨，也是 6 点 23 分，我和太太从第一医院站上车。学生喊"校长好"，车门口同学没有让座的。我径直走到后门处站定，后面第一排的两位男生站起来给我们让座，我很高兴。我说你们坐，我们站不了一会儿，没关系。他们已经让出了位子，我俩只好坐过去了。我和他俩当中的一位聊了一会儿，譬如吃饭没有，几点钟起床等等。还是车行五站，6 点半左右到了附小站，高明老师上车，车内已经比较拥挤，他站在前门边上，没有学生给他让座。我们距离比较远，他没有看到我。到厦大南门站，下面的人已经上不来，在我的劝导下，人群往里移动了一点，下面候车的人都上来了。只要我坐在车上，就主动承担维序员的责任，会将沿途车站上候车的人全部拉走，很少有落下的。到附中站后，车子就下空了。车子开过去后，我记下了车号。快到中午的时候，我给公交公司的王总打了个电话，请他帮忙将那两个时间段的录像拷给我，我要将录像放给同学们看，让他们体会，让座是一件多美好的事，不让座是一件多遗憾的事。王总说马上办。下午录像就拿过来了，图像和声音都很清晰。我们要收集一些让座的录像，让身边的榜样熏陶和教育我们的学生。不让座不是什么大不了的事，但让座是一件何其美好的事。

　　三年之前，我经常坐从码头开过来的第一趟车，到医院门口是 6 点 13 分。车上人很多，车门口很挤。如果我不上车，车子基本要一路放站。我上车后先是将人往后疏导，然后一路招呼学生上车，基本都能乘上。我和太太一上车，坐在车门口位置上的两位女生就主动让座。我让他们坐，她们说校长、老师坐，然后背着书包就挤到车后面去了。连续几次都是这样。后来，只要我们站在那里，车子还没有停稳，她们就已经将位子让出来了。我跟太太说，这不行，这两个位置似乎成了我们的专座了，此后一段时间，我们要么走迟一点，要么从厦大校园里骑自行车，省却一段尴尬。我确实更愿意站着乘车，但我又担心，我站着，学生坐着，会影响附中的形象。搞习惯了，他们就不会主动让座了。老人们说，孩子拿东西给你吃，你得装着吃一口，可以培养他们长幼有序的孝心。所以，我也经常接受他们的让座。

现在，我经常乘 6 点 23 分或 33 分的车，没有那么挤，因为大部分学生都坐公交专车或私家车到校，所以 33 分以后的车基本都有座位。但我一直想着公交车上让座的事，希望附中的学生都是彬彬有礼的。

让座乃芝麻小事，但君子风度或曰绅士风度可于兹养成。事实上，一切惊天动地的教育大事皆可化简为芝麻小事。一花一世界，一叶一菩提。螺蛳壳里做道场，芝麻粒里有乾坤。

2016 年 12 月 1 日

善良有时就是
多一点体贴

某周一晨会后，我到南门门卫室取报纸，看到一位高个儿女生站在桌边，电话的听筒放在桌上。我第一个念头是她在打电话，似乎又在等什么。看到她眼睛红红的，我想她一定是生病了，便问她哪里不舒服了，要不要帮助。她吞吞吐吐地说："不是。我被室友窃听了。"接着就哭起来了。女孩子之间玩窃听？我觉得有点不可思议。我说，你不要害怕，仔细跟我说，我一定能帮你。她说，最近室友经常学她讲话，而这些话都是她自己在没有其他人在场的情况下讲的。她还说，室友还可能在寝室卫生间里装有偷录设备，她非常害怕。说着，就大声哭起来。我说，你不要着急，我一定能帮你查清楚，你先到我办公室好吗？我找老师来帮你。她说好，于是我们边走边聊。

我问她，你有什么证据吗？她们怎么窃听你的讲话？她说，她们在我的手表里装有窃听装置。我说你打开看过吗？她说我打不开。我说手表呢，她说放在图书馆的某个位置。她要去拿过来，我说"不着急"。我开始怀疑她有某种程度的"幻听"了。从那一刻起，我就决定不让她单独离开我。我说她们怎么会在你的手表里装窃听器？她说，我的表曾经丢了一个星期，后来又莫名其妙找到了，就是那个时间她们装进去的。我说，窃听可以分为在线式和离线式的。如果在线窃听，设备不可能太小；如果是离线式，她们得需要经常拿你的手表去下载数据。她面露迷茫，无法回答。我说没关系，回头我们一起打开看看，如果什么都没有，你这个心结不就打开了吗？室友学你说话也许就是你自己平时不经意间说的话呢。她又说，校长，你相信吗，我在家里讲话她们都能听到。我问她家在哪里？她说在什么什么地方。我在心里断定这是不会有的事，一定不会有这么先进的、学生能随意买到的民用设备！我说你对班主任讲过吗？她说讲过了，班主任说她疑神疑鬼。我说，那我让其他老师来帮你。她说好。我想，只要不拒绝帮助就好办。

我在办公室外面给年段长打电话。段长说，在医院体检，我说没什么事，回头再讲。我又给德育主任打电话，主任说在食堂用餐，马上过来。接着我又给心理咨询室的钱老师打电话。主任和钱老师很快到我办公室来了。我和钱老师私下交流了一下，她说她会处理好。我对女孩说，我让钱老师帮你可以吗？有什么问题可以再来找我。她说好。随后她跟着钱老师离开了我的办公室。过一会儿，年段长到我办公室来了，我对他说明了情况。班主任的判断应该是对的，问题是我们要及时搞清楚她为什么会如此的疑神疑鬼，要真正帮助到她。

中午时分，钱老师给我打电话说，初步判断有一定的精神分裂倾向。我特别不愿意听到"精神分裂"这个词，但我必须承认这是一个严肃的医学名词。钱老师联系到了家长，和家长聊了很久，建议家长带孩子看医生。第三天中午我在食堂问钱老师，她说孩子正在接受治疗。病就是病，是需要医生治疗和药物干预的，不是凭如簧巧舌就可以开导好的。

社会发展到今天，我们没有必要谈精神疾病而色变。厦大附中是千千万万所学校中的一所，我们不必掩饰这些问题，更不必讳言这些问题。在附中这种优秀学生云集、学生自我期望更高、竞争更为激烈的所谓的优质学校，学生的心理问题可能更多。我们每学期都按要求进行筛查，发现有问题的同学要重点关注。这个名单我手里也有，本学期有九位同学，但这位同学不在其内。面对类似问题，我们的老师还缺乏相应的知识和能力，还不能很好地有效应对。我们（包括老师和学生）都应该加强相关专业知识的学习，努力避免因一时草率而酿成大错。引起我更深层次思考的是，为什么这样一个问题被我这个校长偶然间发现。这件事让我再次认识到自己的每一次看似多余的付出其实都是有价值的。"闲事"还是不能少管。

一年前的一个晚上，我在礼堂做了一场讲座。讲座结束后，一位女生在门口拦住我，兴奋地说了很多话。我当时就觉得她有点不太正常，不是一般的"疯女孩儿"。她的名字我熟悉，之前就休学过一次。当晚我就给她的班主任留言了解情况。班主任说，自从参加社会实践活动开始，她就兴奋不已，话特别多。我说您要特别关注，也许是老毛病复发了。第二天傍晚她到我办公室，让我给她签名。她带来几块饼干，还从路上拾了几朵残败的花，都要送给我。她给我看她的签名本，同学写了很多话。她和我聊了一个多小时，讲了她家里的许多事。一会儿喊校长，一会儿喊校长爷爷。看那个情形，我几乎断定她的毛病复发了。次日，我就催促班主任联系家长带她去就诊。到了医院，她就被医生留下了。后来知道，这是一种典型的狂躁型抑郁症。经过大半年治疗她康复了。现在，我每天都不止一次见到她。说实在话，我的感情是非常复杂的。我只有祝福她。

生而平等是理想，生而不平等是不得不接受的现实。分数面前能平等吗？这其实是个常识问题。这不过是"知识霸权主义者"乃至"精致的利己主义者"设计出来的一个相对可行的法则而已。一个显而易见的事实是，有人不需要怎么努力就可以获得好成绩，有人拼尽全力也不行。有的学生十分钟就可以完成作业，有的学生花一个小时抄作业还不一定能抄对。你既要他交作业，又不让他抄作业，他如何是好？好习惯是容易养成的吗？当甄别和选拔成为学校教育的主要甚至是唯一功能时，学校是很难让人幸福的。读书是美好的事，但为什么有的孩子宁可生病住院也不愿意到学校读书？纯粹按拥有知识的多少来分配社会财富，与只按拥有资本、土地、权力的量来占有财富且不受调节一样荒唐。如果社会达尔文主义是人类社会的终极法则，那么，活着与死了，死了与活着，确实区别不大。

如果对学生不讲善良、体贴，只谈法律责任，学校就不过是"强卖"知识的场所。

2018 年 12 月 22 日

小心 20 年后
当街遭掴的是你

今晨刚过 7 点，我走过某个班级，看到一位女生站在门口读书。我知道她准是迟到了。没有背书包，只拿着一本书站在那里读，估计是将书包送进教室后出来受罚的。女孩表情很平静。我看着她，还没来得及问，她就主动说："校长好！我迟到了。"我看到她额头上满是大滴的汗珠便问怎么回事，她说是跑的。说实在话，那一刻我对他们班主任颇有些愠意。虽然我坚决反对罚站，而且前天下午在全校老师大会上我才申明过，但为了老师的面子，我看了一眼他们班主任还是走开了。转过他们教室的那一刻，我脑子里蹦出一个念头：小心 20 年后当街遭掴的是你！

我知道这女孩是不会掴他们老师的。我对她印象很深，她一般到校都比较早，隔三岔五的早晨我会在走出车库时遇见她，她总是喊"校长好"。今天早晨迟到可能是个意外。他们班主任是位责任心很强的老师，可能规矩也多一些。早自习是 7 点 10 分开始，他们班可能是 7 点。我并不简单认为罚站就是体罚，但我觉得用罚站的方式来惩戒迟到的人既无必要也无意义。因迟到遭到罚站而记恨老师一辈子的学生基本不会有，但凌辱学生人格给学生心里留下阴影的老师确实存在。康德说："人必须要教育。""须受约束。所谓约束是防止兽性侵越人性，个人如此，个人为社会一分子亦如此。约束不过是抑销野性而已。"可以说，没有惩戒就没有教育，但惩戒的方式方法大有讲究。

前不久网传有学生 20 年后暴打老师 20 多耳光的事应当引起我们老师的深入思考。动手打人违法，学生打老师更是情理难容。即使老师有错，也只能依法维权。所以，无论从哪个角度看，打人者都应当予以严惩。前天又传出某地初中生在学校用木棍袭击女教师的事件，具体原因不详。昨天又传出 13 岁少年杀害父母的恶性事件。我因此深切地感到当前教育的失败以及教育工作者肩负的重任。如此触目惊心的事件接二连三发生，如不采取有效措施从根子上杜绝，将会引发更大的社会问题。

"将教鞭还给老师"成了当下某个群体中的流行语。我估计，如果让老师来投票决定对学生是否可实施适度的体罚，八成会赞成。但我想问，如果老师迟到是否可以让老师在校门口罚站，这个问法显然就要挨骂。己所不欲，勿施于人，道理再简单不过。教育是社会化的产物，故必然有其时代特征。在 21 世纪的现代社会，教育者过度崇拜"压服"的思维值得警惕。惩罚甚至体罚都有其一定的教育功能，但要建立在相应的教育文化的基础上。在成人世界的价值观尚存巨大分歧的情况下，惩罚或体罚孩子带来的往往是伤害和"仇恨"，教育效果甚微。罚站的教育方式并不具备彻底解决学生迟到问题的功能，因为迟到的原因有多种；被罚者是否因此蒙受羞辱也会因时因地因人而异，因为每个人的想法都不一样。所以，能否惩戒不是关键，关键要明白惩戒的作用在哪里。这应当引起教师和家长的共同思考。

从另一个角度说，青少年违法犯罪低龄化应引起全社会的高度重视。这首先是个学术问题，包含有社会学、伦理学等众多学科。杀人抵命，但什么样的人在什么样的情况下杀人抵命则大可研究。教育也好，法制也好；德治也罢，法治也罢，终归要找到一个有效解决办法。师生互打互殴，亲子互残互杀，这肯定有问题。要承认在学校里确实有一类学生比较难教，不身临其境很难体会。"没有教不好的学生"不是毫无道理，问题是你能付出多大成本。用最合适的老师、最充沛的人力、最合理的评价方式去"育人"，确实什么样的学生都可以教好。但在班级授课制、大班额普遍存在的情况下，不仅不可能教好每个学生，而且教育的一大潜在功能就是过滤"失败者"。有选拔就一定有淘汰，教育要选优，同时也是汰劣。因此注定有一部分人在现代教育中找不到成功，当然也就不会幸福快乐。师生利益不共同，彼此就不易有融洽的关系。

我自认为师生关系处理得比较好，也自认为没有伤害过学生的自尊，一向颇觉心安。可就在两年前，一位十几年前教过的学生加我微信，我非常高兴，连忙问他近况。他回复我说他工作生活得不错，终于没有被我说中。我想不起来当时说了什么。当年我做副校长，只带他们班的课，不是班主任。他很聪明，老师们都希望他更进一步，所以对他也严格一些。我可能当众批评过他，他可能因此受到过伤害。他也许是开玩笑，但我很当真。这件事让我再次反省：教师要谨言慎行！同时，我也认识到，师生关系就是师生关系，和朋友关系不是一回事。师生间可以有很好的关系，但未必是朋友关系。为师准则和交友原则是有区别的，亦师生亦朋友关系的比例不会太高。学生将老师发展成朋友和老师将学生发展为朋友的几率都不高。每个人都可以用自己的朋友圈来论证。

同在今天早晨，德育处宣布了一起对学生违纪行为的处理决定。一位男生，因同宿舍同学关系不睦，用之前配好的钥匙打开另一个楼层的空宿舍，擅自入住。对这种严重违纪的行为我们绝不姑息。虽然他已高三，仍被予以严重警告处分并被责令搬离宿舍到校外租住，由家长监管。他和他的家长会心悦诚服吗？估计暂时不会。但我们不会让步。如果他得逞，不仅纵容了他，未来会被他嘲笑，便是现在，但凡出一点安全问题，他的父母也不会善罢甘休的。其实，钥匙是他父亲配给他的，他独住在那里已不是一天。显然，他有两套卧具，每晚点名后他就转而宿在那间宿舍里。所以，搞教育也不要太天真。

但是，教师是人类"灵魂的工程师"，这是职业定位，也是职业理想。

这个"高帽"是摘不掉的。如果今天还不是，未来必定是，除非这个职业消亡。苏格拉底认为，存在着另一个更为常见的由"暴虐灵魂"组成的阶层，但他们不是作为统治者，而是作为教师、演说家、诗人，这些人可能是危险的，因他们已被思想灼伤。教育是一个理想王国，如果教师灵魂深处的"专制"意识占了上风，在教育教学中，他所扮演的"暴君"角色将会驱使孩子们的心灵走向狂躁，甚至可能导致最优秀、最聪明的孩子在未来的政治生涯中有暴政倾向。由此可见，教师在教书育人的过程中如果缺乏谦逊与节制精神，最终受损的将是社会民主。

康德认为，"儿童应当教育，然而不是为现在而是为将来人可能改良到的一种境界。换言之，是适合于人类理想与人生的全部目的的。"但他又说，"然而我们在此发生两种困难：父母大半只想他们的子女在世界上能立足，有事业可做；当国者只以人民为他们的目的的工具。父母着眼于家庭，政治首领着眼于国家。双方都不以普遍的善与人生究竟之完成为目的。"一想到康德是生活在 200 多年前的哲人，我便有些许的绝望。

2019 年 1 月 4 日

天冷，
找到他最重要

　　昨天下午4点半左右，因天气转凉，我从考场到办公室加衣。在力行楼门厅看到一位陌生男士，我问他找谁，干什么。他说找孩子。我问找哪个孩子。他说孩子是八年级某班学生，周五晚上住在同学家，一直到现在没回家。我当即批评他为什么允许孩子在外留宿，为什么不早接回去。他说孩子今天到学校来了，他就是来找的。我说，学校这么大，你这样找哪里能找到？我告诉他先找班主任，发动同学一起找。我问孩子叫什么名字，他说叫×××，这个名字我有印象。家长跟着我进了电梯，又从二楼出了电梯。我嘱咐他找班主任。

　　我接着就给德育处李主任打了个电话，让他告诉班主任协助家长找孩子。周四李主任给我介绍过这个孩子的情况，所以家长一提名字我就想起来了。对学校而言，类似的问题并不鲜见，但并不好处理，因为根子上存在难以解决的问题。有些问题，于学校甚至于学生而言都是一团麻，剪不断理还乱。

　　晚7点半左右，我在艺术馆看到一位女生，问她干什么，她说准备到画室，但门关着，我说那你就回教室。过一会儿，又看到两位同学进来，那一刻我又想起那位同学：他如果躲在学校什么地方怎么办？本想打电话给李主任，想想还是等等。我回家刚洗好澡，李主任就发来信息，介绍了不少情况。他们调看了监控视频，发现那孩子上午确实来过学校，还到监控中心借用钥匙，遭拒绝后返回南大门，中途从监控中消失。我立即给李主任打电话，我们必须找到孩子出校的证据，否则就说明他还在学校。他是走读生，气温这么低，他在学校怎么度过这个夜晚？我说我们现在立即到校，一方面查线索，另一方面实地逐一查找，如果在学校就一定要找到他！至于要不要报警由他们家长定夺。我接着通知张副书记、刘主任到校，并请他们通知物业经理和上午当班的保安到校。随后我们一行人先后到了学校。

在监控中心，我们从他进校开始逐一查找视频线索，另一方面安排几路人马寻找。我们无法断定他在不在学校，600个监控点也没办法实时查看，只能找，包括已经封闭的宿舍区。直到半夜12点整，才在监控中发现了他从东门离开学校的画面。就在这个时候，传来了他在校外某个数码店被找到的消息，父母正将其带回家。这个时候大家才松了口气。我招呼一行人到我办公室开个短会，分析一下情况。凌晨12点半后我们才离开学校。

我经常说，厦大附中不是"净土"，别的学校存在的问题我们都可能存在，别人犯的错误我们也可能会犯，别的学校有的学生我们也会有。我们要用百倍的努力降低犯低级错误的概率。我们优秀是因为比别人更努力，如果不努力，就一定会走向平庸。"毁灭"往往就是一瞬间的事。我们可以教育学生但管不了他们的社会关系，但面对顽疾我们不能退缩，要对得起教师良心。从昨晚的实际情况看，我们躺在床上睡大觉并不影响最终结果，但一定会付出良心上的愧疚。

一个初中孩子他应该懂点事，如果违纪要接受处分，但要付出出走的代价，背后一定有他的理由。我们要了解、理解并帮助他。也许因各种原因我们最终帮不了他，但我们有没有付出努力是另外一回事。为人父母，育儿是天职，不能以任何理由推托。

我们管理上的漏洞也是显而易见的。初中生周六上午进出校门为什么轻而易举？进校门虽有询问但无登记，出校门完全没发现。一方面要保证学生在校安全，另一方面又要向家长开放校园，还要顾忌管理成本，管理难度是很大的。但天底下哪有容易的事呢？容易就不叫事儿。就在傍晚6点46分，我在西门口发QQ留言："傍晚家长进校较多，门卫要立岗观察，不能坐在门卫室内大开着门！"因为我看到了问题。如果我们不切实重视还会出问题。我们要自己努力，不能全靠老天保佑。

　　昨晚本想早睡，因为中午没能休息，而且开了120公里路的车。结果睡觉的时候已是今晨1点30分。早晨7点不到我又到了学校，因为上午有事。

2019 年 1 月 13 日

"我想吃稀饭"

　　不久前的一天傍晚，我收到一条家长匿名发来的短信："尊敬的姚校长，您好！很冒昧再次打扰您！还是晚饭买不到稀饭这个问题。学校能否晚餐多供应点稀饭？我孩子总是为买不到稀饭而烦恼。"之所以说"还是"，是因为不久前他（她）发过一次短信反映过此问题，我也答应要解决，并且当即反馈给总务处和食堂。一时间我也确实不明白稀饭这点事为何校长说了也解决不了，更不明白晚餐为什么就不可以多煮点稀饭。当然，我相信一定是有原因的。我再次回复："好的！"家长回复："谢谢您！这种小事也打搅您，深表歉意！给您添麻烦了！"我回复："没关系！不是小事！我问问他们什么原因。一定会解决！"他回复："太谢谢您了！"我回："不客气！"我当即将短信截屏给总务主任，并留言："让食堂想办法！"

　　第二天早晨我在食堂找到经理了解情况，经理说："有，就是没那么多。"我问："为什么不多煮点？"他说："晚餐我们以干饭为主。"我说："谁规定的？学生想吃什么就煮什么！如果大家都要吃稀饭，我们就得以稀饭为主。""怕浪费是对的，但你们要逐渐摸索出规律，要建立一个基本模型。对于要经常吃稀饭的同学，我们就专门给他留点。"经理说了些客观原因，也答应一定解决。

回到办公室，我给家长发了条短信："您好！据了解，食堂三餐都有稀饭，但中、晚餐数量少些，因为经常剩下造成浪费。有些同学运动了就想吃稀饭，不运动就不吃，很难控制。建议您让孩子直接找一下餐厅经理，让他们专门为他留一份。我这边也要求食堂做个调查，准备合适量的稀饭。也可以让孩子直接找我，我带他找他们。"他回复："好的！谢谢您！我让她去找下餐厅经理。谢谢您！"看到这个"她"我才知道是女孩子。我接着回复："好的。我都在食堂吃饭。孩子也可以直接找我，我带她找经理。"他回："好的！谢谢您！"当天傍晚 6 点半，我在食堂用餐时想起这件事，便给他发了条短信："晚上不知孩子是否吃到稀饭？我现在在食堂，可以让她来找。"两小时后我收到他的回复："谢谢姚校长！今天下午放学比较迟，6 点 20 分放学，她冲到食堂，发现竟然还有粥，还是小米粥，非常高兴！叫我一定要谢谢您！说又让您操心了！"我回："不客气！"

"小"事总是办不好说明并非小事。管理水平往往就体现在这些小事上。我相信食堂有 100 条理由证明"晚餐不是每个人都能吃到稀饭"的合理性和正确性，但我认为学生只要一条理由就足够："我要吃稀饭！"因为这个要求足够合理和正确。吃稀饭也好吃干饭也罢，就相当于要点水喝，即便是陌路，也不能置之不理，何况是我们的学生。只要将学生当作自己的孩子，吃稀饭的问题就一定能解决。我知道有人会问，他如果要山珍海味、膨化食品、油炸食品、方便面怎么办？我觉得只要将学生当作自己的孩子也一定能妥善解决。

在"稀饭事件"前几天，也是晚餐时间，在收碗间旁边，林同学跑过来对我说，他喜欢吃菜花烧虾仁但买不到。在我茫然之际，他说："就是您刚才买的那种。"我突然有种惭愧的感觉，讪讪地说："我也挺喜欢吃。学生窗口没有吗？"他说"也有，就是不多，经常 5 点一过就没了。能不能让食堂多做点？"我说："我一定让食堂想办法！"我又问："要不要我现在就去给你买一份？"他说："不要，我已经吃完饭了。谢谢！"我又说："放心，我一定完成你交办的事！"过后与食堂经理交流，供应量少的主要原因是这种菜价格较贵，买的学生少，做多了怕卖不掉，浪费。我觉得不管多麻烦，还是要保证供应，让学生能吃到合口的菜。困难要想办法解决！过后我偶尔伸头看看，他们有解决，但是否很好地解决了这个问题，我也没有认真评估过，只能相信他们。

在餐厅的显著位置，我们张贴了一块牌子："身体若有不适的师生，如有特殊饮食需求，请与餐厅联系，餐厅将竭诚为您服务。"后面还有联系电话。姿态是有的，但服务是不是都能做到贴心还很难说。众口难调，食堂不容易办好，但必须尽全力而为！

今天早餐时我问经理："晚餐稀饭能保证供应吗？"他说："没问题！昨晚还剩了不少。天气突然转凉，没能控制好。"我说："剩点就剩点吧。一点不浪费不现实。菜花烧虾仁呢？""有！""我说学生窗口。""也有。""没那么多，剩下浪费。虾仁太贵，40多元一斤。"

2019 年 4 月 12 日

我是
"揭榜手"

　　昨天早晨走出食堂，远远地再次看到食堂门口公告栏上那三张并排粘贴的 A4 纸，便快速走近，一看是三张处分学生的决定。这块公告栏内容繁杂，大多是学生会和各社团的海报、通知，也有天天更新的失物招领和寻物启事，偶尔会夹杂有处分通报。其实我经常会去扫一眼，只是这几天没认真看，但前几天还去拍了关于爬虫展的海报。我想不起来自己为什么没有关注这三张处分决定，感觉好像是才看到的一样，但印象里又觉得这三张纸贴在那里已有好几天了。我用眼扫了一下处分决定，定睛看看后面的日期，分别是 4 月 25 日、28 日、29 日，也都有十天了，便动手揭下来，折好，拿到办公室，放在书橱里。没错，放在书橱里。这书橱里还存有一些。

　　在附中，我不负责"贴榜"，主要负责"揭榜"。处分学生的决定主要由我来揭。贴的人往往忘记揭；"榜"上也没有张贴的期限，想揭的人不知道能不能揭；被处分当事人更是不敢揭；当然，更多的人不会多管这等"闲事"。据我观察，几乎在所有的场合，类似的榜都是有人贴无人揭，并非只是附中才如此。这样的"招贴"，贴的人基本只负责贴，通常揭榜的人是下次的贴榜人。没地方贴了，只好将过期的揭掉以便取而代之。3 月初，审计部门对我进行任中经济责任审计，原计划两周，结果搞了一个多月。2 月底审计公告就贴在公告栏上，审计结束一周后，前前后后贴在那里 50 天，最后还是我自己动手给揭下来了。没错，也是放在书橱里，留作纪念。通常在墙壁、门窗等处，你很容易发现"老古董"。

张榜公布之目的在广而告之，张贴处分决定之目的在示众、在以儆效尤。我提倡"宽柔以教"，即以宽容柔和的方式教育学生，但我是我，附中是附中。我既不能包办一切，故更多的事要依靠大家；也不敢断定自己的想法就正确，所以必得尊重、迁就。"宽柔以教"不等于不要制度，相反，附中的校纪是非常严明的。所以，不时有学生被"绳之以法"。当然，震慑作用也是显而易见的。凡有朋友或熟人交代我对他们的孩子多关心关心时，我都会愉快地说"我一定找时间和他聊聊"，但总是要嘱咐一句："别违纪！挨处分别找我，我帮不了！"制度是"死"的，就摆在那里，任何情况下都不可以碰。但制度是人制定的，也是"活"的，它可以改。你可以改制度，但不能朝令夕改，更不能因人因事而改。总之，有制度就要按照制度办。

我当然希望"附中无处罚"，虽然这几乎不可能，但我觉得只要老师们将工作做得细致些，就可以将处罚减少到最低程度。因为敬畏而谨慎，达摩克利斯之剑就可以稳稳地悬挂在那里，不至于掉下来砸到人。依法治理是大势所趋，没有第二条更好的路。但我反对制度崇拜。我觉得，凡是能用制度管好的事都不是最难的事。所以说，一定有比制度管理更高明的管理，只是非一般人能够掌握。

不想在校园里看到处分学生的决定是我这个做老师做校长的本能，其中包含了很复杂的感情。我性格中的弱点是，"死刑犯"在我这里求情一定能起作用。所以，对学生的任何"公正"的处分我都不能无动于衷，心里总是不舒服。但世界太大，学校也不小，无规矩不成方圆。所以我努力克服自己的心理弱点，竭力平抑内心的波澜，"挥泪斩马谡"。

就在昨天早晨，5 点刚过，我看了一眼手机，发现同事前晚 11 点多发给我两份处理决定。我打开一看，一份是关于学生使用智能手机的，一份是关于叫外卖的，全是高三学生。有被警告的，有被批评的，还有被责令搬到校外住的。我脑子里"嗡"了一下，估计血压上升了不少。离高考还有一个月，这样的处分是否合时宜？但按章办事一点都没错。况且我这个校长还口口声声说"高考勿忘育人"，学校也曾在高考结束后处分过高三学生。但真的一事当前还是有些烦恼。昨天上午见到同事，又特别交代再慎重推敲一下，看看能否有从轻发落的理由或另外的处分方式。邻近中午时，当事人之一的史同学来到我办公室，递给我一封四页纸的信，说怕我没时间听他讲，就专门写了这封信给我，让我帮帮他。我办公室里有客人在谈事，只好交代他几句，让他正确对待，接受教训。他离开后，同事告诉我，他们研究了一个变通的方案，我觉得挺好，但我还是说等看了他的信后再定。客人离开后，我认真地看了他写的信，反而觉得没了从轻发落的理由，便坚定了要处分他的决心。

一封长信，自始至终没有检讨自己的错误，通篇是指责、辩解和推卸责任。开头两段是这样写的：

尊敬的校长，您好！我是史同学。如今提笔写下这一纸文书，实乃万般焦急下的无奈之举，还望体谅！事情起因如下：

上周五校园开放日当天，在早上自习课临结束时，值班老师赶来通知："段长临时通知大家不用买饭，食堂人已满，外头车已经排到港尾了，大家晚些去吃，食堂会为大家留饭菜的。"OK，我们相当一大部分人信了。因为家长没来，我们就在教室多待了会儿。等我们到食堂时，连饭都没了！只有那种临时炮制的炒面，不知用什么油炒成的令人难以下咽的恶心东西！基本上就是吃两口就倒了！我们一边饿肚子一边极其不解食堂为何坑我们！段长不是说有饭吃吗？

看到这里我就来了火气：炒面为什么就难以下咽？怎么就是"恶心

东西"？居然吃两口就倒了！炒面不是饭吗？那一刻，我确实有点为自己"惯"他们而后悔。如果是我自己的孩子，我一定要让他连吃一个星期的炒面。

往下才是正题。第二天一早，因为担心中午还会出现头天的情况，他们开始叫外卖。据说他是稀里糊涂鬼迷心窍跟着叫的。午饭时分，按他的话说，东门口聚集了几十人取外卖，其中有部分外卖用一只大箱子装着，他及几位同学给抬到二号餐厅去了。后被年段长从监控中查出。

他在给我的信中申诉：一是段长说有饭吃结果却没有，属于察事不周。二是段长有饭吃，没有在学生窗口排队，不知道学生的艰难，有些不近人情。三是据他了解当天中午叫外卖的人很多，段长应该能从监控里看到，不应该只处罚几个人。要么彻查，要么"情理结合地教育"。他甚至认为法不责众。

看了这封信，我一是觉得处分是必要的，二是觉得要找他谈谈。今天早晨 6 点 45 分我到了他教室，他还没到。在楼下，我让段长转达三句话：我去找过他了，没见到他；这封信不像是附中学生写的；再好好想想，想好了去找我。上午课间他来找我。我问他想明白没有，他说想明白了。

我帮他分析。首先要检讨自己的错误。任何情况下都不可以违规叫外卖，这叫遵守规矩。炒面有什么不可以吃？不想吃，食堂可以给你做饭。开放日活动，来的都是客，你们作为附中学生，就是附中的主人，让客人先吃饭，难道不是基本礼节吗？如果对炒面不满意，可以向学校反映，第二天避免出现这种情况。事实上，当天安排了高三家长到校，两拨人搅和在一起，出现了一时饭菜不够的问题。第二天，一是人少些，二是准备充分，根本没有出现他们担心的情况。两天中午我都在食堂吃的饭。至于有多少人叫外卖，学校可以彻查，但学校不是侦察机关，无法查清他所说的情况。本质上这与处理他没有关系。当事人还有自认为法不责众的？我认为，核心问题是他们觉得这一天可以浑水摸鱼叫外卖，没想到学校当真要处理。我特别告诉他，6 月 9 日学校还处分过高三学生。这就是附中！最后我宽慰他不要有什么心理负担，全力投入到复习迎考中。他愉快地和我告别。如果有一天他有出息了，他一定会感谢这次学校对他的处分。我相信会有这一天！

　　希望天下无贼、附中无讼，但到底是过于理想。横竖我得做好这个"揭榜手"。

2019 年 5 月 9 日

有一种求助
是无需语言的

昨天傍晚，我在操场跑步，碰到正在跳绳的七年级6班的涂安琪同学，她走到我跟前说："校长，您今天早晨的讲话让我觉得特别有意义，您以后要多给我们讲话。"我说："谢谢你的表扬！我怕耽误你们的时间。"她说："不会。我们都喜欢听您的讲话！"我说："谢谢！你这么说我就有信心了。"跑到操场的另一边，高三的一位同学走到我面前说："校长，我能和您说句话吗？"我停下来，说："可以。"他说："我也是今天早晨宣布的被处分的同学。我被处分过两次了。听了您的讲话，我觉得自己很不应该，对自己很失望。"我和他聊了一会儿，安慰他，鼓励他，让他放下心理包袱。我说，你要接受教训，任何时候都要遵守规矩，不要有侥幸心理，要避免付出更大的代价。他点头称"是"。我又说，这也许是一种重要的学习，但愿能让你终身受益。随后，看上去他表情轻松地和我告别。

昨天早晨早操后，德育处李主任宣布了对几名高三学生的纪律处分，随后我即兴说了一段话，主要讲为什么不能叫外卖、严禁将智能手机带到学校、严防出现校园欺凌事件的道理。我重申了一句经常讲的话："有些问题，别处可以有，附中不能有；有些事，别人可以做，附中人不能做。"核心意思是，我们要守规矩。附中是一所什么样的学校？是学生喜欢的学校，是高三学生在高考结束后违纪还会受到处分的、学生喜欢的学校。这就是附中！我觉得自己有必要将道理说给同学们听。从这两位同学反馈的情况看，这个讲话有点作用。其实，在讲完话走下主席台的时候，领操的一位女生笑着问我："校长您知道我现在碰到什么困难吗？"我说："你没有困难。你很快乐。"她笑着说："您真好！"我说："谢谢！"

这位女生问话的缘由是我刚讲的那个故事。

不久前的一天傍晚，我在操场跑步。足球场上有好几组学生在踢足球，男女生都有。跑了三圈后，在主席台的跑道边，我看到一位小男生漫无目的独自走着，表情不太自然，好像心中有事，又像是在等谁。那一瞬间，我感觉他有什么事。但因为隔着几条跑道，我又是在跑动中，只看了他一眼，他的目光和我对视了一下又避开了。我继续跑着，转了一圈，再遇到他，我问他有没有什么事，他表情僵硬地回答"没什么事"。那一刻我便断定他一定有什么事。再跑一圈过来，我看到他走到操场中间，和另外两位男生讲话。我前后扭头看了他们几次，也没发现什么异常。又跑一圈过来，他们走到了靠近跑道的草坪上，还在说着什么。我能看清他们双方似乎在辩解着什么。一方是那个小男生；另一方是个头稍高点的两个男生，一位背着两个书包，另一位空着手在讲话。我隐约感觉到那个小男生的神情有点恍惚。我跑过了他们所在的位置，一面不断回头，一面对迎面走来的太太说："那两个孩子可能要打架。"说完，我停下了步伐，从草坪中间往回走。我远远地看到，个儿高的男生推搡小男生。因为他背对着我，不知道我走过去，所以他又接连推搡了几下。背书包的男生站在一边。我快步过去一把拉开，小男生已是眼泪汪汪。我问："怎么搞的？"两个同时回答："没怎么搞的。"小男生说着眼泪就下来了。我找个儿高的了解情况，太太在问小男生。大概的情形我们很快就清楚了。我说："你们俩跟我走。"走到升旗台，碰到廖副校长，我简单地交代了一下，就交给他处理了。

通过简短的现场了解，便知道了他们发生纠纷的根源。小男生上初一，与同位闹了点小矛盾，同位便请同在一个校外托管机构的初二同学帮忙摆平。这是一种最常见的校园欺凌现象，我一开始就看出其中的"猫腻"。我在昨天早晨的讲话中开玩笑地说："这就是教师的专业性。"这就是所谓的察言观色。

校园欺凌由来已久，中外皆然。在任何一个校园里，如果措施不力，"坏孩子"就少不了。遏制校园欺凌的主要责任应该在学校，学校有责任为学生提供安全的学习和成长环境。保护学生免受伤害是教师的天职，无论在什么样的外部环境下教师均无理由推卸责任。教师一定要充分认识到校园欺凌的危害性，不能视而不见。欺凌事件解决得越快越好，这样可使受害者少受凌辱，使加害者及时受到管教，不至于在违法犯罪的道路上越走越远。否则一旦既成事实，惨痛的阴霾将要覆盖多个家庭。

校园欺凌发生最多的地方是洗手间、楼梯、运动场等处，老师从这些地方经过的时候要有意识地关注。经验告诉我们，那些"生活在学生中"的老师，对学生、学生的家庭以及学生的"关系网"了如指掌，他们的学生就很少出问题。发生欺凌事件往往就是学生的一念之差，教师在关键时刻抑制了他的"恶念"，他也许永远都是"好孩子"。

校园欺凌的起因往往都是鸡毛蒜皮的小事情。当事人不报告，老师、家长失察，最后就会出现"小学副班长长期勒索钱财、逼人喝尿"的荒唐事件。遏制校园欺凌事件发生的重要契机是当事人的举报，因而要尽可能消除被欺凌学生的思想顾虑，营造师生间的互信氛围，让受欺凌的孩子能够第一时间向老师求助，避免事态的进一步恶化，把伤害降到最低。但就是"求助"这么一件简单的事却很难落实。在这件事中，胡同学既不告诉班主任，碰到我也不主动告诉我，我问他他还说"没事"，已经"交火"了还说"没怎么搞的"。这件事也可能止于推揉，也有可能出现更大的问题。最极端的譬如昨天发生的上饶市第五小学十岁小学生刘某宸被女同学父亲刺死的事，就是芝麻大的事引发出的"血案"。

因此，教师当明察秋毫。

2019 年 5 月 11 日

有没有
更好的方式

这个故事发生在半个月前并可回溯至一个半月前。

5月29日傍晚6点半，我从食堂吃完饭出来，两位女生在食堂门口等着我，要向我反映一件事。我问她们是哪个班的有什么事，她们说是某某班的，接着就向我"请示"一件事。原来她们班有位女生脚受了伤，走路很不方便，需要有人背着往返宿舍、食堂、教室等处。但女同学又背不动，要"请示"我能不能同意让男同学背。我说这事不归我管，你们要找年段长和班主任。她们说"班主任怕您不同意"，我说你们老师同意我就同意。说明他们和老师已经商量过了，并且认为在我这里可能有"障碍"。那一刻，我突然觉得自己是个戴着礼帽、穿着长袍马褂、鼻梁上架着金丝眼镜、拄着拐杖的老封建。同时，我对他们班主任的简单推责也觉得很滑稽。类似的对问题的简单处置随处可见。在学校里，是我说的不是我说的很多都是"我说的"，我自己也搞不清有哪些话"据说是我说的"其实未必是我说的。

然而，他们班主任的担心不是一点道理没有。

时间再往前推一个月。4月28日下午5点多，我在一号报告厅参加团代会，散会后我往操场走，远远地看到一位男生背着一位女生，边上似乎有两位同学跟着，不远也不近。我猜想一定是女生走路不便，但又怎么看怎么别扭。女生的胳膊箍住男生的脖颈，嘴巴贴在男生的耳边，似乎在聊天。远看过去，似乎也很悠闲地晃荡着。走进图书馆，虽然我已经看不到他们了，但脑海里还浮现出校园里一个男生背着女生悠闲地赏景聊天的场面，心里还是感觉这个样子别扭滑稽。

我当即在"平安校园"群里发了一条："有没有人了解一下男生背女生是哪个班的？问一下班主任是怎么回事！"十分钟后，段长回复："×班有一位女生参加足球比赛时，双脚同时受伤了，平时有女生扶着自己走，但长时间走路影响双脚康复，女生又背不动，所以班主任安排班级男生班委轮流背该女生上学和放学。"我留言："有没有更好的方式？我不知道你们有没有仔细观察。你们找段录像看看，好好研究一下！"段长："正在和班主任商议解决办法。"晚上8点，段长留言："已查过监控。上午7点出宿舍，开始由一位女生扶着下楼梯到食堂二楼外，女生站立休息一分钟左右，由班级一男生背下台阶去教室。陪同的有班级之前的那位女生和两位男生。上午8点，该女生参加蜜源农场活动，由班级一男生背着和全班一起出西门，班主任就陪同在边上。已和班主任商议，今后每天由班级安排两位女生搀扶到班学习，直至康复。"我觉得，既然腿脚不便利，干吗还到校外农场参加活动？我回复："偶尔一次倒也没必要神经过敏，特别是一群人'拥戴'的情况下。但今天傍晚我远远看去还是觉得有点怪。建议老师们轮流用电动车或汽车接她过来，要么租借一个轮椅。"随后我找到拙著《让教育带着温度落地》中的《我送你到医院》一篇，将最后两段拍照发在群里。

这两段是这样写的：

每当我看到瘦弱的女老师骑着电动车带学生去看病，感动之余确有歉疚。有一段时间，每天早上6点50分左右，总有一位女老师用电动车从宿舍接一位女生到教室，女生的脚裹着纱布，女老师戴着大大的头盔，我至今不知道她是谁。距离最近的一次，我从她的眼睛里感觉到了她的微笑。当我准备一定要搞清楚她是谁的时候，女生的脚也许痊愈了，于是这就成了一桩"悬案"。

每当我脑海里浮现女老师的微笑，我就陡增温暖感、幸福感和责任感。我们辛苦着，我们也幸福着！

段长随后回复："好的。我们再想想办法，谢谢校长关心！"我的意思非常明确，没必要再讨论下去。之后我也没有再过问。

这大约就是"校长不同意"的出处，因为这两个班是同一个年级的隔壁班。

回到那两个女生找我的时候。我说你们大概知道另一个班的事，我确实说过"还有更好的方式"，必要时我也可以开车或借一辆电动车、自行车接送。假如上楼很不便，学校也可以给你们临时调一间一楼的教室。紧急情况下或偶尔一两次当然没什么，但如果需要一段时间，校园里总有一对男生背着女生总归不太好。我太太温柔地问她们："天热，衣服穿得少，你们觉得这样背着不尴尬吗？"两位女生都点点头。我对她们说："一定有更好的办法！"

第二天中午，我在食堂外见到了他们的班主任骑着电动车载着受伤的学生去食堂。我问候了那位女生，也向他们的班主任表达了敬意。

《孟子·离娄上》，淳于髡曰："男女授受不亲，礼与？"孟子曰："礼也。"曰："嫂溺，则援之以手乎？"曰："嫂溺不援，是豺狼也。男女授受不亲，礼也；嫂溺援之以手者，权也。"

这中间一个重要原则就是要处理好"礼"与"权"的关系。学校要面对众多性格各异的学生，不懂"权"是很难搞好教育的。

2019 年 6 月 16 日

要鼓励孩子
自己去解决问题

　　今天早操结束后，我找到邱同学，祝贺她弟弟进入我校 2019 级 "六年一贯制" 学习。我印象里这还是第一对姐弟就读 "六年一贯制" 的，而且同时在校。我对她说，我特别高兴看到附中的校友、在校生的兄弟姐妹到附中就读。我说，你弟弟能有机会参加面试完全是你的面子，我请她转达我对她弟弟的祝贺。她高兴地笑了，她说她爸妈也非常高兴。

　　在对递交的材料进行初选时，他弟弟的材料是被筛选掉的，没能入围。面试前一天，他父母托人来找我，希望给孩子一个机会。其实我不具体负责这个事，一般也不会过问太多。但增加一个人参加面试的权力还是有的，关键看这孩子是否真有实力、有无必要参加的问题。我们内部一直有个不曾公开的约定，对那些强烈要求上附中的孩子我们一般都给机会，不需要找任何人。即使在面试的当天直接来找，我们也绝不会当着孩子的面拒绝。从来如此！现在有种奇怪的现象，总有一部分家长生怕孩子 "闲" 着，逢考必去，哪怕根本不准备去，也得让孩子考考看。对此我比较反感，不赞成家长带着孩子到处考试。那天，帮他找我的两位说，孩子很优秀，姐姐就在附中读。我一听当即表示愿意帮助他们，并对两位开玩笑说："他姐姐比您二位重要，她一句话比您二位说半天的分量都重。当然也可以这样说，他姐姐来说就行了，哪里需要劳您二位大驾？"世上就有这样的巧事，最后一个补进来的居然就中了。

之前还有修同学、陈同学等也找过我，在问清具体情况后我也都"奉命效劳"。

我对找我的家长经常说一句话：让孩子自己去解决问题！大到师生关系出了问题，小到空调开不了，家长一定不要包办，哪怕是本校老师，也要鼓励孩子自己去想办法。我当校长，学生有言就是"圣旨"，家长找我就得打折扣。因为家长转达的信息是二手的，我需要时间进行更细致的调查。家长的意见和感受不等于学生的意见和感受，我不能将家长的意见和感受直接当作学生的意见和感受。不是说我对学生言听计从，而是说我绝对不会无视学生的要求。可能他的要求最终不仅被我拒绝了而且还挨了批评，但我一定会将工作做到位。

找到校长这里来的最棘手的问题之一是师生关系问题，通俗地说就是学生对老师不满意，要造老师的反。尽管我们也有抽样评教，但仍然有学生专门找到我反映个别老师的问题。不管实际情况如何，我总是理解学生的感受，愿意帮助他们。我不可能幼稚到几个学生一"造反"就立马换老师，可以说从未有过，但我会特别关注，也会和学生一起分析，做学生的思想工作。当师生关系存在必须有人要回避的时候，换老师也是必然的选项。我愿意与学生打交道，不愿意就此事与家长交涉。不管有多少学生"造反"我都会谦虚以待，但对家长的"道听途说"往往就直接"怼"回去。我的观点很明了：让孩子自己去解决问题！

家长中不乏"精致的利己主义者"，不想让孩子得罪老师。他既不信任我的能力也不信任我的品德，所以就打匿名电话发匿名短信，你一问他是谁立马就没了下文。我通常回复"让孩子自己来找我"。对这种匿名的近似"告密"的行为我天然地反感，不可能将其太当回事，但也不可能一点不当回事。家长无事自扰往往不仅多事而且误事。恕我直言，这样的家长通常还是"知识分子"，多半还就是老师或者公务员。

同样是在今晨做操前，简同学走到我面前告诉我，她说那件事她想开了，今天就不麻烦我了。我说想开了就好，有什么问题可以随时来找我。几天前她在食堂约我聊聊，我们约好了是今天傍晚，现在既然想开了，我们就"解约"了。可见，时间本身就是解决问题的办法之一，家长根本没有必要火急火燎。

　　一年前，王同学多次找我告某位老师的状，不仅在教学楼的某个拐角处拦我几次，还至少到我办公室来过两次，每一次都让我猝不及防。我虽然对其"鬼鬼祟祟"颇为不悦，但仍理解他的感受，甚至相信他反映的是事实。学期结束时，那位老师自己放弃了跟班到毕业班，这个问题就自然而然解决了。后来又发生了一件与此相关的"风波"，闹得沸沸扬扬，而这个学生仿佛消失掉一般，偶尔迎面他也佯装没看到我。我当然不会怪这位同学，只是觉得他的家长丧失了一次教育他的机会。其实这一系列事的前前后后他的家长都是清楚的，甚至也是参与的。也许他的家长觉得自己的目的已经达到，其他的就不关他们的事了。

　　教育真的需要长远的目光！

2019 年 6 月 18 日

|"要命的"分数

　　"分分分，学生的命根；考考考，老师的法宝。"对这句话我一直不完全认同。我多次给同事们分析过这句话，我觉得说分数是学生的命根显然太夸张，但老师将考试视为法宝有一定的道理。考试是提高教学质量的重要手段，我自己也非常重视考试。我几乎每节课都有三五分钟的小测，而且必定全批全改，小测本子还要亲手发给学生。我希望通过考试帮助他们养成做事谨严的态度，但考过后的具体分数我往往又不是特别看重。眼中只有分数，分分计较，总是放不下，很难有大出息。

　　分数重要吗？这要看用分数来衡量什么，也要看用分数来做什么。进了高考考场后说分数不重要，那不是自我安慰，而是纯粹的自欺。不要分数，进考场干什么？因为选拔就是看分数，其他可以说是什么都不看！高考成绩出来后，不少学生和家长找我讨论填报志愿的事，看上去都很"难"。我说，其实真没那么难，厚厚的几本报考指南和招生计划，绝大多数都与你无关。实行知分填报志愿和平行志愿以来，报考和录取基本就是看名次，名次就是分数。录取过程与市场运转相似，而市场是有规律的。逐利通常是市场的主要规律之一。逐利的本性会侵蚀人的理性。举个例子，你本来想上 A 校，成绩出来后，看看往年的成绩可以上 B 校，于是你纠结了。上 B 校吧既没把握也非所愿，上 A 校又有点"吃亏"，于是诞生了一个新的说法：浪费分数。分数面前居然有了节约、浪费、精准的说法。事实上，你的分数能够上什么学校基本是被规定好的，没什么好纠结的。要么认，要么重来。重来还要这样轮回一遍。可以说，全中国的高三学生家长这几天满脑子就是分数、名次。过几天初三学生的家长也会这样。老师和学生也是这样。此时问分数重要吗？这难道还是个问题吗？

大炮子是我非常喜欢的一位学生，绝不仅是因他成绩出众，更多的是喜欢他那种健康阳光的状态。他的目标非常明确，就是考上清华。这是他从小就定下的方向。他喜欢物理，也有通过物理奥赛保送清华的想法。他高一就差点获得奥赛省一等奖。他义无反顾，高二继续准备奥赛。差不多有大半年的时间，他都在奥赛自习室里自学，最终取得省一等奖并入选省队。一路过关斩将，历经艰难险阻，成为省队五员之一。又经过集训，再战国赛，稍有不慎，痛失金牌，只拿到一块银牌。现实就是那么残酷，金牌选手，北大清华一一上门签约，银牌选手你上他的门他也不理你。最后只能签约上海交大，为了保底。没能获得保送资格，他期待通过自主招生再搏一次清华。我也觉得自主招生的资格清华总会给他的，还有机会。竞赛就是一种比赛性质的考试，只看分数名次，其他毫无意义。您说分数重要吗？

成千上万的优秀学生参与追逐，能拿到全国银牌容易吗？即便如此，清华连自主招生的资格都没有给他。接二连三的挫败，我真的是为他担心。虽然我一直给他鼓劲，但我也缺乏说服他和说服我自己的底气。现在要的就是分数，而每一分都得靠他自己去争（挣）。还是北大仁义，给了他一个博雅计划的名额，这在当时至少是一点安慰。高考后他参加了北大博雅计划的选拔，获得了加十分的优惠。高考第二天上午理综考完他回校见到我说，考爆了。我安慰他说，没关系，你考不好别人更不行。但过后我确实有点替他担心。高考发榜后，他在全省名列前茅。清华的老师到他家，他签了清华。随后北大的老师也要到他家。在拿不定主意的时候他开始和我进行了几个小时间断地讨论。我理解他内心的矛盾，毕竟北大给了他机会，尽管现在他不需要任何优惠。我对他说，北大清华都是最好的平台，你还是尊重自己的内心，不要想太多。所谓"不忘初心"。夜里快十点时他发微信给我："校长，我最后还是确定清华了。"我回复："好的。祝贺！"他回："谢谢校长！感谢附中！"我回："感谢你为母校争光！"他回："不不不，应该的呀！""以后人生的路一样希望能够得到校长的指导！"我回："非常愿意与你交流！"之后我们又多次微信讨论问题。

指导填报志愿的那天，他仍然回到学校。在校园里见到他，我说，请你用一段时间思考参加奥赛的意义，毕竟奥赛对于你上清华没有直接的帮助，反过来让你耽误了很多时间。用这么多的时间集中精力准备高考也许能够增加不少分。如果理综正常发挥，他会取得更好的成绩。他说，我认真想想。他又说，其实清华满足我所选专业的要求也还是看中了物理竞赛成绩的。那几天，我脑海里一直有个挥之不去的想法：大炮子上不了北大清华，天理难容！但我知道，少一分清华也不会录取的。您说分数重要吗？

我赞成用考试和分数来决定胜负，但我永远也不会赞成分数至上。我始终认为分数只对选拔和淘汰以及看得到的公平有意义。高考制度没有问题，问题出在选拔的单一和千篇一律上。百分之九十九的人，从初一开始就注定与北大、清华无缘，百分之五十的人注定与"211""985"无缘。既然如此，往后的六年怎么学？这是很值得研究的问题。具体到某个人，在某个特定的事情上，分数确实是很重要的；放眼人类，放眼未来，分数对大多数时候的大多数人都没什么意义。更多的时候我们不能为考试而教，不能为分数而学。我期待的理想状态是，不唯分数还能赢得分数。此绝非不可能！

2017 年 7 月 2 日

"必须"往往是
唯一的动力

昨天中午，在食堂门口，九年级 2 班的两位女生递给我一片绿纸做的"树叶"，她们要做板报一类的宣传栏，让我在"绿叶"上写一点寄语。我最怕写寄语以及座右铭一类的话。我自己至今没有座右铭，因为我觉得一辈子不可能只"信"一句话。我的体会是，选座右铭往往类似狗熊掰棒子——随掰随扔，或似这山看着那山高，哪一条都可以放在"椅子"旁边，太多了放不下，只有放在脑子里。寄语亦是如此。最怕不慎因己之好恶而贻误孩子一生，毕竟一个孩子的健康成长需要丰富的精神养分，笃信一两条名言警句，好似吃偏食，未必利于健康。他们班的同学聪明好学，有个性，有主见，我对他们有着良好的期待，希望他们有更多的责任感，希望他们比同龄人有更多的理性思考，所以，我选择了著名教育家苏霍姆林斯基的一段话，后面加了一句我自己的话：世界固然是我们的，但我们更是世界的。

著名教育家苏霍姆林斯基说："要学会给自己创造内在的刺激。在脑力劳动中，许多事情并不是那么有趣，使人非常愿意去做的。'必须'两个字常常是唯一的动力刺激。你正是应当从这种不感兴趣的地方开始自己的脑力劳动。要学会集中精力去攻这些理论问题的奥秘，学会把精力集中到这样的程度，以致逐渐把'必须'变成'我要'。至于最感兴趣的事，可以放到最后去做。"人生成败的关键不在是否能够找到自己感兴趣的事，而在如何对待不感兴趣的事。越是更早地正确对待自己不感兴趣的事，更好地处理自己不感兴趣的事，就越容易成功。如果不能正确地驾驭自己的兴趣，"兴趣"有可能徒耗我们的精力和生命，使我们的人生变得庸碌无为。将"最感兴趣的事""放到最后去做"是聪明之举，远不只是读书的战术，更可视作人生历程中的伟大战略。

"兴趣"是最好的动力刺激，但读书不能完全凭兴趣。中小学阶段的教科书对多数人而言谈不上感兴趣，即便还算有点兴趣，也被花样翻新的教辅材料搞得兴趣全无。所以，中小学教师教学工作的理想境界是能够激发起学生的学习兴趣，让学生凭着兴趣读书。但更重要的是要帮助学生树立远大理想，确立奋斗目标，培养克服困难的毅力和战胜困难的意志，让学生带着一种勇于担当的责任感去读书。我们要承认对读书不感兴趣是普遍的也是正常的，大多数人的"刻苦"需要有责任感的觉悟和毅力的支撑，人一辈子大多数时间都要做自己并不喜欢做的事，读书岂能例外。兴趣固然可以培养，但终其一生，任何人都不可能全部凭自己的兴趣做事，甚至在大多数时候我们要将"兴趣"放在一边，努力去做自己"必须"要做的事。"兴趣"是一种动力，但更多的时候，"必须"才是唯一的动力，这是一个稍有生活常识的人都明白的道理。

教育工作是一项关于"人"的工作，做"人"的工作远比做"事"的工作复杂得多，所以绝大多数人对教师这个职业不感兴趣。然而正是因为教育工作崇高而伟大，所以一旦你入了这个门槛，作为教师，首先自己要做到的就是不能凭兴趣做事。著名心理学家埃里克森的研究结论是："只要一个人持续在某个领域经过 10000 小时的进步，就可以成为一个顶级专业人才。"所以我以为，从事教师工作固然需要有起码的天赋，从职业准入来说有起码的门槛，但对于跨过这个门槛的大多数人来说，只要经过训练和持之以恒地实践，是可以做得很专业的。如果我们在从教的起始点就做一个长远的规划并努力实施，做一个有心人，虽不一定要刻意寻找机会（当然也可以），但绝对不放过一切找上门的机会，就一定能够成为富有智慧而又快乐的好老师。至此，"必须"变成"我要"，"不感兴趣"变成"感兴趣"（至少是不太反感），人生就会变得有趣得多。

就学生而言，一定要意识到，中小学阶段的教科书是我们的"必须"，是人生的 ABC，是基础。教科书里的内容，学什么不学什么由不得自己，摆脱"束缚"的唯一办法是驾驭"束缚"。教科书以外，你会有一点自由阅读的空间，你要用好这点"自由"，如果你不珍视这点自由的空间，你的"兴趣"就找不到释放的机会。人自出生开始，无论你"本分"与否，一辈子的行程大多是"规定动作"。什么阶段什么场合做什么事相对确定，自由发挥的余地并不大。比较而言，学生阶段还算是比较自由的，虽然也有些责任担当，但毕竟可以得到更多人的呵护和牵就，使点小性子似乎影响不大，大不了被苛责为"不懂事的孩子"。既然是"孩子"，自然是可以得到原谅。那么，"懂事的孩子"是什么样的呢？可能会因人因时而异，但至少有几点是相同的，尊重他人，懂得克制，善解人意，等等。总之，能够替别人着想并试图把握自己的"未来"。几千年来中国孩子的天性大多是被压抑的，自小而大也很少有与命运抗争的。直至现在，孩子仍未摆脱应试的重负。但只要考得好，其他方面的缺陷，师长皆可容忍。即使有关于"责任"方面的教育，一般也庸俗化为"有一个稳定的工作"，而关于"人"的全面责任，即使有理念的灌输亦少有实际的训练，因此人格与责任意识往往有或多或少的缺陷。生活自然是最好的老师，但教育应当发挥应有的作用，师长更当责无旁贷。

我们所处的这个世界是否美好与我们每个人都有关。看起来它是那么遥远和不可捉摸，但我们与它联系紧密，任何人并不必然是它的宠儿，我们在享受和欣赏这个世界时，一定要意识到肩负的责任。你要想快乐和幸福，必须首先谋求你最亲近的人的快乐和幸福，因为你的快乐和幸福与否的决定因素恰恰主要不在于你本人而在于你身边的人。换一句话说，如果你感到不够快乐和幸福，多半源自你最亲近的人不够快乐和幸福。所以，应该做什么和喜欢做什么是两个不同概念，我们要意识到"责任"。"责任"不仅是"利他"的更是"利己"的，承担责任正是为了我们自己。

2012 年 9 月 25 日

用好你的
选择权

新一轮高考改革的最大亮点是为学生提供了更多选择，而因其带来的不得不在一定程度上实施的走班制也必然会带给学生更多的选择权。"学会选择"将是中学生特别是高中生面临的第一道难题，同时也是摆在家长面前的一道难题。千万不要低估这道"题"的难度！

厦大附中自开办之日即实行平行编班制度，初、高中都是这样。平行编班的好处是均衡、可竞争、乱班少、平均质量高，坏处是拔尖学生的学习效率受到一定影响。认真研究会发现，每一个课堂、每一节课都带有这样的特点。即使分快慢班，因为班级授课制和选拔、淘汰的教育功能定位的缘故，无法遏制的"分化"很快破坏了原有的平衡。所以，在班级授课制下实现因材施教，真正合理的教学组织形式就是走班。课程超市化，各取所需。然而，有质量的走班制很难实行。因为课程的衔接、大班额、课后辅导、学生认知能力达不到等问题的制约，走班也难以取得预想的效果。所谓"合适的教育"也是相对的，除非"私人定制"。顿顿都是自助餐，山珍海味，十全大补，如无很强的自制力，时间一长，非但搞坏胃口，且有可能吃坏身子。

2010年开始，我们在初一单独招收两个班80人，实行"六年一贯制"，不参加中考选拔，直升本校高中。其优势就是"六年一贯"。"六年一贯"之下，课程、课堂诸要素都发生了变化。尽管招生不以"择优"而以选择"合适"为主要原则，但因为报名者众，所以形成了事实上的择优。因此，从"入口"看，这两个班可以算是"好班"。从招生开始，"六年一贯制"始终贯穿"自主选择"的原则。录取，征求学生和家长的意见，不愿意则不勉强、不动员；初二可以选择退出"六年一贯"，参加中考中招，可以选择本校，也可以选择外校；初三毕业直升高中后，可以选择其他平行班；高二可以自主选择文理科；高中可以提前参加中科大少年班招生……当然，如果一定要以各种理由转学，我们虽然不赞成，但也可以在理解的基础上尽可能提供方便。到今天，"六年一贯制"办了六年，覆盖初一至高三，首届学生即将高中毕业。

"六年一贯制"首届招生82人，当年即有两位同学因家庭原因转到外市。初二时一人转学，其他无人选择参加中考中招，但初三毕业时有人"失信"擅自参加外地高中招考，最终"流失"五人。升高一时，有两人选择回原籍，有两人选择转到本校高一平行班。这样，到高一时还有70人。本着"合适的教育才是最好的教育"的理念，在征求学生及家长意见并表决的前提下按成绩分成两个层次的班级，每个学期两班间小幅度流动一次。但真到了流动的时候，要做大量的思想工作。学生不乐意，家长也不乐意。后来有一人因此转学（表面上是以身体不适、看病方便为由）。高一时，林嵘灏直接跳到高三，提前两年参加高考，被中国科技大学少年班录取，现已读大二。高二文、理分班，有三位同学选择文科，理科两个班还剩下65人。目前，陈逸超已被美国几所大学录取，已放弃高考。现在两个班还剩下64人，1班38人，2班26人，可以算是小班。一直坚持六年并参加高考的学生一共69人，两人已被录取，一人初中离开高中又考到附中，最终实际离开附中共十人，巩固率87.8%。

当年设计的三大发展目标即在少年班、奥赛、高考三方面取得优良成绩，正渐次实现。林嵘灏被中科大少年班录取。绝大多数同学都获得过竞赛名次，其中有五人取得六人次省一等奖、一块国家级银牌，夺得一项创新英语大赛全国一等奖、两项新概念作文大赛全国一等奖，等等。有一批同学在正规报纸杂志上发表过作品或论文，郑凌峰的作品集《局外集——一个中学生的案边废墨》由吉林大学出版社正式出版。还有更多更重要的特色无法用数字表达，而且应当由学生来说。譬如他们在美育、体育方面的进步，在文学、艺术、人际交往和社会知识等方面获得的教育，也许要远优于其他班级的学生。这些，都需要等待时日证明。现在，他们正全力以赴地冲刺高考。我相信并期待着他们在高考中能取得令他们自己满意的成绩。

"六年一贯制"第二届在初、高中阶段各走了一人，第三届都留下来了。第二届进入高中后仍分为两个层次，第三届维持初中编班。另外三届还在初中。虽然我坚信这种模式的恒久价值，但也作好了随时被叫停的准备。这没什么好奇怪的，好的无法坚持，不好的无法改变，天天呐喊，年年如故，这正是我们的生活。

开学前的一天，"六年一贯制"高一的一位同学的父母找到我，希望孩子转到平行班，因为孩子学习吃力。但因为平行班班额已满，进不去，希望我帮助解决。这确实是个难题。班额不能突破，多一人就有可能多两人，最后就成了大班。高一平行班招生时，我们先确定"六年一贯制"转班人数和本校初中录取人数，然后再录取外校学生。当时不选择，现在中途改变，确实很被动。但是，我特别不想让孩子和家长失望，答应想办法。我一方面要求孩子打定主意，一方面也鼓励他不要轻易打退堂鼓。我举了几个实例证明坚持的力量和意义，只要能跟，狠狠咬住，最后差距还会缩小的。随后，我找相关同志商量解决办法。正好有一位同学休学，空出一个位子，可以解决他的问题。第二天上午，家长给我发短信说，一家人仔细商量后决定不调了，留在原班级。

记得在首届"六年一贯制"第一次家长会上我说过：选择这个班级，你必须习惯不再优秀，要忍受住做最后一名。为什么？这些孩子在小学时都是所在学校的拔尖生，到了新的班级，不可能都是第一，不可能齐头并进。在应试教育的大环境里，选拔和淘汰的教育机制最终一定要拉开他们之间的差距。分化是必然的结局，能够控制的办法不多。增加自主选择，提供合适教育，提高自学能力，突出个性化、个别化，尽其所能，各尽所长，各有发展，大约只能如此。而一旦孩子学习上存在困难，学业跟不上的时候，虽然理性上能接受事实，但情感上总会有过不去的坎。就像那位家长说的，我们孩子小学毕业时那么优秀，现在怎么成了这样呢？冷静一想，从一个班级、一个年级的角度看，这难道不是正常的吗？可是，问题出在谁身上谁就受不了。春节前，林嵘灏来看我时说，他们这届中科大少年班，录取 40 多人，但两年不到，已有六位同学退学。为什么退学？学不下去了。所以，当初选择时首先要认清自己。碰到困难要有意志力，要坚持。熬过最困难的时候就会出现转机，雨过必有天晴的时候。选择什么样的过程就要作好接受什么样结果的准备。放弃也是一种选择，甚至无所谓对错，换一种生活方式而已。

"六年一贯制"走过六年，大家逐渐习惯了"自主选择"，明白了"适合的"就是最好的。这中间不应该存在面子问题，就得实事求是。然而，"面子问题"永远是中国人的重要问题。亲戚邻居朋友同事的孩子读一所学校一个班最好，至于是否合适由着孩子受着。受不了了，孩子小叫，家长大叫。其实，很多时候，孩子并非"不可救药"，就是在这种不适合的氛围里逐渐无力自拔的。就特定知识而言，孩子间的差距并不大；但碰到不特定的选拔和淘汰，孩子就会有天壤之别。同样是进入清华大学的学生，在还没有接受清华教育的时候，一套试题照样可以考出他们间的巨大差距；接受了四五年清华教育之后也许差距更大。高考既是为 2500 多所层次悬殊的大学选人，更是为北大清华淘汰人。"选拔"或许还有一点温情，而"淘汰"从来就是冷酷的。但我们拥有某种"选择权"的时候，我们要想清楚自己要什么。利益大的风险也大，搞不好是要"倒扣分"的。

既然选择了便只顾风雨兼程！坚持、不轻言放弃，"选择"的正确度和命中率就更高。倘若朝令夕改、首鼠两端可能正中"墨菲定律"的招——有可能出错的事就会出错。"墨菲定律"虽有很多变式，其要义无非是说越犹疑不决，担心出现不好的结果，这结果就真的出现了。是人为的吗？很难说不是。

　　教育并帮助学生用好手中的选择权或许正是教育的题中应有之意。这个问题解决了，我们的民族性和大众文化都会因此发生变化。

2016 年 2 月 25 日

手机问题

2014 年，我在《人民教育》上发表了《校规中蕴含的教育契机》一文，其中一部分是"亦是亦非的手机"。这篇文章是在做了充分调查的基础上写出来的，比较系统地谈了我们的看法和做法。同年的 11 月 14 日，我在《中国教育报》上发表了《低龄学生使用手机需约束引导》。文章中有两段内容摘录如下：

人类本可不依赖网络而愉快地生存，但问题是我们已经进入没有网络就不快乐的时代。当此，讨论手机和网络的利弊已无意义。我们可以不用手机、可以没有手机吗？显然不能！手机已经突破了其原有功能，成为万能的互联网移动终端。它成了现代社会赖以运转的重要工具。但人如果不能摆脱智能机器的"绑架"，人就成了机器。所以，手机对所有人都有潜在的危害，更别说未成年人。

中小学生是否可以使用手机是一个无须讨论的问题。作为通话的手机，大家并不反对使用，且事实上使用频率不高。但如果作为移动网络终端，在无特定平台时，一旦迷恋，用非所用，则有百害而无一利。这是一个无须深刻论证的生活常识。因此，建立有效的管理机制非常必要。

所以，关于中小学生使用智能手机的利弊问题这里不再讨论。这里讲两个真实的故事。

第一件事。1月6日上午，我在从管委会开会返回学校的车上，通过手机查看QQ信息，看到廖副校长刚发的一条："××老师班上一学生从二楼跳下，医生初步诊断为腿骨折，在做CT。"为了避免打搅我自己，也为了避免干扰别人，同时我自认为还没有重要到世界离不开我的地步，所以，我手机中的所有信息通知都是静音的。有空，过一会儿我会看一下，没空就等等再说。我必须承认，手机影响我专注地工作。看到这条信息后，车子刚过医院的我们又掉头到了医院，学生还躺在拍片的床上。这大概可以算是"领导第一时间到达现场"了。"领导"到了现场也只能观望，这里是医生说了算，有没有领导于病人无关紧要。后经过诊断，孩子小腿骨有三处骨折。

跳楼的原因很简单，就是模仿网络游戏中的场景，譬如穿越或者飞跃等。这孩子读初二，学习成绩不差，表现还可以，平时很安静，与老师和同学的关系也没问题。但很迷恋网游，有部能玩游戏的智能手机。这里面有深刻的家庭影响，我不想多说。那天早晨到校后他就对同学说"今天要搞个大事"。事后大家才知道，所谓"大事"就是跳楼。幸好教室在二楼，要是四楼以上，那就真的出了"大事"。现在的孩子身体和运动素质好的不多，从二楼跳下居然还会骨折。我读初中的时候，从二楼高的地方跳下是常事，如履平地，从未受伤过。当然，骨折也算给他一个教训，要是侥幸安好的话，说不准有一天他会从20层楼上跳下来。

晚上，我给廖副校长留言："这个事要搞一个调查材料。要总结经验教训，举一反三。时间上可不必太急，尽量搞准确挖深刻。"年后开学，孩子初步康复，按时到校上课，还挂着拐杖，家长开车接送。调查材料也搞出来了，5000多字。身边的故事告诉我们，网游对青少年的危害比我们想象的要严重很多。据了解，日本动漫《阴阳师》《东京食尸鬼》《刀剑神域》等，都是关于暴力、战争、杀人、吃人、恐怖、恋爱、阴谋的故事。像游戏《守望先锋》等，就直接诱导"跳楼没事"。这跳楼的孩子是个走读的学生，中午在学校用餐，家长一个月给300元钱，足够他用午餐的，但他常常一周只花几块钱，其他的钱都用来买游戏装备。据了解，攒钱看黄片的孩子也不是个别。我可以武断地说，中小学生利用智能手机学习和通信的需求远远小于娱乐。说白一点，手机就是"玩物"。玩物会怎么样？有古训在那里。

第二件事。这件事我只能讲个大概，详细的故事要曲折精彩许多。也是关于手机的事，再次证明手机就是个"事"。1月20日凌晨12点24分，刚睡下40分钟的我突然间醒来，看到屏幕朝下放着的手机有亮光，拿过来一看，是某单位领导打来的电话，要了解一件事。我手机夜间不关机，放在床头柜上开机充电。怕垃圾短信打搅睡觉，手机是静音状态。如果夜间醒了我会看一下，怕有事。我家有固定电话，学校有事值班人员会给我打固定电话的。我和张副书记12点42分赶到了学校。从穿衣、通知张副书记，开车再到学校一共18分钟。那天夜里，我的心脏难受了两个多小时，口袋里装着丹参滴丸和硝酸甘油。后来在那个高三男生的书包里一共发现了四部苹果手机，仔细一看，有两部模型机，应付老师检查的。据检查的人说，手机里有不少的黄色视频。他还会用这两部手机干什么，我根本无须赘述。总之，现在还远未到没有手机就没有办法学习的时候。我依然要武断地说，手机不仅无助于学习，也无助于孩子健康成长。那些为手机学习唱赞歌、开发劣质学习APP的人，大多是心怀不轨的人。

在这个孩子的书包里，我们还发现了五六张银行卡，其中有信用卡和透支额度很高的金卡。我想问的是，他有这么多手机和银行卡，难道家长不知道吗？如果不知道，还是个合格的家长吗？是谁给他办的？居然还有家长好意思问律师，学校是否有权"没收"学生手机？学校什么时候"没收"过学生手机！不过是在发生违纪事件后临时代管而已。谁愿意多管这些事！这里我还真要郑重告诉个别家长，您孩子的手机现在就扣在执法部门那里。什么时候能取回我也不知道。那一夜，我只睡了40分钟。怕他冻着，我还让他穿着我的风衣。在凌晨的某个时刻，坐在那里的我，曾想到过将他家长喊过来。为了不给他施加太大压力，学校至今还没有与家长正面接触。他是个借读生，按常规，借读的资格就被取消了。

两个故事就够了。道理也没有必要多讲，我在那两篇文章里讲得很清楚，不想再重复。

昨天下午放月假，德育处发给学生一封承诺书（家长告知书），再次强调禁止将智能手机带到学校，如果一定需要带来，请交给班主任管理，需要时再取。对这种做法我不置可否，因为我觉得最终要靠自觉。相关制度本来就有，如果他没有这个"自觉"，书包里放两部手机，你还是不知道。但我想，家长大约不可能不知道！譬如这学期开学第一天，虽反复强调，还是查到几部智能手机，最好的是价值7000余元的苹果手机。这么贵重的东西，家长能不知道吗？这是老师发现的，还有没发现的呢？听说家长居然还出言不逊。如果明理的话就该感谢老师，好好配合老师。我一向主张，在家长不配合的情况下，老师不必替他代管手机，请家长到校取回。学生违纪，该处理的处理。家长不明理，学校还费什么神！车站小件寄存还要收费呢，老师干吗要为你操这个心！

在本周三的德育工作交流会上，我就强调了一点：厦大附中的班主任要致力于破解管理难题。手机管理就是个难题，最理想的境界就是，每个学生都有一部智能手机，而每个学生都能很好地管理这部手机。显然，只有极少数的同学能做到。我们必须明白，拥有智能手机的学生，他身在学校但心是连着世界的。无论学校怎么严格管理，都不可能管到他的被窝里，他在被窝里用手机做什么只有他自己知道。当然，家长要想知道也是易如反掌。网络世界没有秘密，只是老师没法知道也不想知道。孩子是学校的，也是社会的，但首先是你家的。种因得果，你能接受就行。

我希望同学们理解老师的苦心，遵守学校的制度。坚决不违纪！学校既然决定了，就有信心和能力做好这件事。但我同时认为要坚持"宽柔以教"，学校要给学生安全感，这要求老师尽最大努力细致地做好工作，让同学们自觉地做好这件事。帮助孩子们理性面对物欲，能够在彼此间建立健康、自由和自主的关系。培养孩子对周围世界树立正确的态度，而不囿于如何对待手机这件事。

2017 年 3 月 4 日

及时公开地沟通
是减少矛盾的好方法

　　2013 年 5 月 7 日，江西环境工程职业学院的学生发微博爆料：学校出"新招"，为节省开支，由学生充当"保洁员"，每日打扫教学楼。无奈之下，不少学生只好自费雇人打扫。该微博引发众网友关注，学校还被网友恶搞，被颁发了一张"最会变相收费"称号单位荣誉证书。其实，据记者了解，该校 20 多年来一直要求新生每天清晨清扫校园，寒暑假和节假日除外；每周三下午，全校师生对各自寝室和教室进行大扫除。这是学校对大学生养成教育的一种实践，反响一直不错。今年，学校准备将大扫除的范围扩大到走廊、楼梯、卫生间等公共区域，引发一部分学生的不满。而实际上，学校并没有解雇保洁员，也没有发生学生雇人打扫校园的事情。据说，该校党委书记态度强硬，表示要把"打扫校园卫生"的制度坚持下去，不会因为学生的抱怨而妥协。

　　我很佩服该校将这项制度坚持了 20 多年，因为我做不到。这个制度如果是有效的，那么可以说，就不是个省事的办法，也不会是个能省多少钱的办法。以前，别说是学校，就是机关单位，员工也是要自己做卫生的。近些年来，物业作为一个行业发展壮大起来，不仅城市公共管理、住宅小区、机关单位引进了物业公司进行专业化管理，就是学校，尤其是城市学校，后勤服务差不多也都外包给物业公司了。这里面不仅因为存在管理上的专业与非专业的问题，也有观念问题，还有用工制度上的问题。在我工作的学校，从上个世纪 80 年代初我刚工作时起到 90 年代初，学校里的卫生工作基本都由学生和老师做。除教室要打扫外，每个班级都有公共卫生包干区。每天早晨上学第一件事就是打扫卫生，然后由校医逐一打分、评比并张榜公布。教室卫生每天一小扫，一周一大扫，大扫是必查必评的。学校没有专职的保洁人员，校长室的卫生也是校长自己搞，各功能教室的卫生要么由负责的教师自己搞要么由他组织学生搞。90 年代中期以后，学校开始有择校费等多项收入，有了一定的自有资金并有一定的支配权，于是外聘了一些保洁员，专门做公共区域和专用教室的卫生工作。随着用工制度的进一步规范，学校不能随意外聘"临时工"，于是物业公司进了学校。现在附中的物业和食堂虽然由厦门大学后勤集团在做，但实际上仍然是通过市场机制引进的。连厦门大学自己的物业也有少数项目是由校外物业公司承包的。

现在附中的学生只需要做自己教室和宿舍的卫生，其他可以一概不问。食堂就餐使用统一提供的餐具，用餐完毕只需要将餐具送到收碗台，不需要自己刷碗。我并不认为现在的学生会一概拒绝做一定的家务活，更不认为他们做不好。我以为主要问题仍在学校教育功能的日益"窄"化，即"教育"等于"升学培训"甚至就是"做题培训"，跟做题无关的事尽可不做。现在的青年人服务意识差，很大程度上与他们没有做过服务有关，不仅不知道要服务他人，甚至不知道要服务自己。其实，组织学生参加一定的公益劳动，其综合付出甚至要大于物业外包的付出。学生"劳动"并非劳动而是教育，而教育远比简单的体力劳动要复杂得多。三年前，我就曾交代德育处将公共区域的卫生管理划分到每个班级，他们没有做，我也没有催，原因是太麻烦。校园这么大，学生往返一次 20 分钟，再干 20 分钟活，他们哪里有那么多的自由时间。再加上横竖有保洁员做，何必再多事？附中实行"无垃圾校园"制度，来宾无不称赞学校美丽干净。这个成果虽不能说没有师生的功劳，但可以说师生的直接参与并不多，因此这个成果的价值很有限。

2011年秋天，教学楼和实验楼教室走廊外的空中花池填土栽种完毕，我很理想化地认为，学生每天给这些花草浇点水是多么富有诗意的一件事，于是将这些花池分到每一个班级，并给每一个班配备了一只水壶。两个月过去后，大多数花草都未得到及时而正确地养护，长势非常不好。我本人一天看两次，甚是焦心，最后只好改做成滴灌一劳永逸了事。这事让我至今耿耿于怀。我觉得，现在的问题不在学生有没有兴趣参加劳动，而在教师还有没有兴趣带学生去劳动，在家长和社会如何看待学生参加劳动这件事。有些老师尤其是这几年毕业的青年教师，本就缺乏基本的劳动技能，再加上没有兴趣，他就基本没有了组织学生参加劳动的意识和热情。如果家长、社会再不支持，甚至横加指责，谁还愿意做这种出力不讨好的事呢？学校里最容易做的一件事，就是发一套试卷让学生做，既安全又省心。别说组织劳动，就是督促学生关门、关窗、关电源这点"小"事，都要难于"做题"。

这本是一件好事，为何学生不理解，甚至引发一定的责难？我觉得深层次原因是我们患上了"疑心病"以及因此而生成的"起哄"心理。当然，这个问题不是学校能够解决的，甚至不是短时间内能解决的。但我认为，就学校而言，及时而公开的信息沟通是可以减少矛盾的。譬如江西环境工程职业学院这件事，实质上问题还是出在宣传不够。很多老师和学生对自己的学校并不十分了解，缺乏文化自觉性和自信心，因此，提高校园文化的渗透力是需要借助一定外力的。另外，制度制定缺乏学生参与，制度表述过于生硬，执行过于简单化等等，也是导致或激发矛盾的原因。从另一个角度来说，家长、学校、社会有必要引导学生学会用善意的目光看待世界，要学会换位思考。如果一个人认为这个世界处处与你为难，那么，多半是你自己出了问题。制定一项制度需要采纳一定的民意，但不可能是每一个人的意愿。因此，我们除了可以质疑和排斥外，也应当学会包容。

不久前的一天早晨6点半，我在食堂公告栏看到一份匿名"小字报"，反映学校食堂问题。这个同学傍晚6点半到食堂用餐，觉得菜肴不够好，吃的是"残羹冷炙"，他要从教师窗口买饭，炊事员没有同意而且态度不好。他在"小字报"中建议允许学生在教师窗口买饭。这位同学很是生气，不仅出言不逊，而且还威胁说，如果谁敢将这份"小字报"撕掉，他还要写，而且要到处贴。我觉得这种心态有问题，需要及时而公开地沟通。当天早操后，我们向全校师生宣读了"小字报"的主要内容。你不是要到处贴吗？我现在将你写的内容向全校公布，免得你费事。我还公开剖析了这件事：第一，学校三餐供应时间都是两个小时，时间已经不短了。晚餐供应时间是5点至7点。晚自习7点开始，6点半到食堂就餐差不多就到了最后，这个时候只能保证你有饭吃，应当保证不"冷"，但无法保证不"残"。第二，教师窗口不对学生供应并无不妥。几乎所有学校都设有教工食堂或教工用餐区，但我们学校只在中、晚餐时设了一个教工窗口，而且教师用餐还和学生混在一起。难道在30多个窗口中专设一个教工窗口是一件多过分的事？学校无权强制教师在校用餐，但毫无疑问，教师和学生在一起用餐，有利于教育和管理。而只有一个教师窗口怎么对学生开放？本来打算在这个学期建设教工用餐区，材料和空调都准备好了，但一直未能下定决心，总觉得还是和学生在一起有利于管理，所以至今还未动工。倘若有了专用餐厅，非但教师窗口学生买不了，就连餐厅的门你也不能进。连这点"不公平"都受不了，还怎么走到社会上去？第三，就菜品而言，教师窗口肯定比学生窗口少很多。如果你只看单个窗口，教师窗口的菜品也许比学生窗口多，但因为学生窗口是连片的，一定范围内，菜品肯定多于教师窗口。事实上，提前用餐的教师经常在学生窗口买饭。第四，6点半以后用餐的学生已经很少，而部分老师往往因为开会不得不延迟到近7点才能吃饭。这种时候，有关部门会提前给食堂电话。这种情况学生不了解，他只看到表象。另外，近50位食堂工作人员，要到7点半才能用餐，他们也是在这个窗口用餐，因为这个窗口靠近路口和门口。

第五，学校会不遗余力地办好食堂，因为这是全体师生的食堂。食堂承诺的用餐时间必须保证，面条窗口一定要坚持到最后。如果饭菜凉了，可以现煮面条。其实，微波炉就放在那里，完全可以自助加热。食堂工作人员要提高后勤服务育人的能力，要用良好的服务态度赢得学生的尊敬。学校欢迎大家对食堂工作以及其他所有工作提出意见和建议，但反对用这种方式、态度、语气来解决问题。最后，我开玩笑地说，欢迎这位同学傍晚到我办公室，我愿意和你深谈，消除你的不快乐。我是真心的，但他没有来，虽然我知道他是谁。

早操后，一切归于平静。

很多矛盾的生成源于事情发生前后缺乏必要的沟通。大多数人是讲道理的，但理不辩不明，只要本着与人为善的态度，道理总是能讲清的。我们常常为不平之事义愤填膺，但实际上更需要理性思考，最好能够主动沟通，搞清事情原委再谈是非不迟。我认为，一个"痼疾"还能存在，要么是因为对少数人有利，要么对大多数人无害。所以，任何"无良"事件的发生都不是毫无根源的。如果我们能够用友好的态度看待世界，即使不小心被"碰"疼了，及时沟通和善意的处理态度更有利于问题的解决。

中编 服务即陪伴

141

2013 年 5 月 26 日

"你必须习惯
孩子是最后一名"

　　今天早晨，在田径场上，我走过每一个班级的队伍，站在前面的同学对我大多或问好或点头或用目光示意。看着他们特别是初一孩子天真的笑脸，我脑海里忽然跳出一个念头：他们真的快乐吗？我对自己说，他们应该快乐，但在考试、分数面前他们常常是不快乐的。我们的教育不是合格教育而是甄别教育，处处有选拔，时时有淘汰。别人不努力，你努力也许有点用；而对有些人来说，"努力"是无济于事甚至毫无用处的，有相当一部分孩子在教育的起点上就注定成为淘汰的对象。面对这些孩子，我们的教育何为？让天下所有的孩子拼命读书是对生命的不尊重，甚至反映出成人世界的无能。我个人认为，存在一定比例的"学习无能者"。在班级授课制下，有一部分孩子的书本知识学习基本是无效的。我们要设法让这些孩子还有点快乐。

　　我经常想这个问题。想象着这些孩子就是我的孩子，再然后就想到他被学习折磨得很痛苦，再然后我心理就很难受，最后恍然大悟"这不是我的孩子"，于是便轻松了许多。我比较幸运，没怎么为儿子读书费心。我也曾经真心想过，儿子读成什么样儿都行，也说过"不行咱将来就在宏业村菜场（学校附近的菜场）卖菜"。但如果真到那一步不着急也是不可能的。我可以不在乎他的成绩，但他自己在乎；我可以不在乎他的分数，但我在乎他快乐不快乐。所以，成绩还不能差，差了他就不快乐。他不快乐我怎么能快乐呢？这是问题的症结所在。

不久前，有朋友受朋友之托，让我找一位学生谈谈，说这孩子彻底不想学了。我几乎可以肯定，彻底不想学的根本原因是求知的快乐荡然无存，而直接的原因就是，在集体学习中，他一直是个"失败者"，享受不到成功的喜悦。这孩子的名字我有印象，于是我发短信找他班主任了解情况，又从电脑里将他五年来的考试成绩全部调出来研究，我发现他从初一进校的第一次期中考试开始，成绩就一直排在班级的后面，几乎没能翻过身来。班主任的回复也印证了我的推测。因为是"六年一贯制"，直升高中。到高中后，同学还是那些同学，但成绩上的差距越来越大。处在这种境地，孩子的心态很难不发生变化。学校教育必须关注长期"殿后"的学生。这方面并非一无可为：一是要坚定执行合格评价制度，二是切实开展有效的心理抚慰活动。

九年前，我在首届"六年一贯制"的初一学生家长会上发言，说了下面这段话：

如何看待孩子的考试成绩？我提出来一个大家很不愿意听的观点：你必须习惯孩子是最后一名。有第一名就一定有最后一名。所以，我建议家长平时考试不要问名次，要问差距，要问成绩的差距，要问知识的差距。我还有一个观点，分数高看分数，分数低看名次。这里，我用福建省今年的高考成绩说明一下，为了方便说明，我就用理科成绩说明。高考满分750分，全省理科裸分（即不包括加分）最高分是泉州七中的黄灿云，总分686分（漳州理科最高分685分，可能含加分），得分率为91.33%；一本分数线为539分，得分率71.87%；二本分数线472分，得分率62.93%。高考是选拔考试，有较高的难度，平时考试多数情况下难度要低一些，所以得分率要高一些才行。另外，我们可以看到，比漳州最高分低146分仍然可以上一本。所以，我给咱们班的孩子提一个目标：如果满分为750分，你与第一名的分数差距要小于100分，即这个分数差不要大于15%。第一名如果考700分，你不要少于595分。本次期中检测最高分730分，比这个分数低15%是620分，一共有七位同学没有达到这个分数线，老师要帮助这些学生查找原因，希望这些同学奋起直追。

因为这些孩子在小学时的学习成绩都比较拔尖，到中学后他很难接受"殿后"的事实，他得死扛、死跟才行。如果能带着积极的心态一直跟下来，他收获的不仅是学业成绩，更有强大的心理素质。这方面的例子也很多。那天傍晚，我找那位同学谈话，就举了几个例子来开导他。后来我给他母亲发了这样一条短信："其实还是学习上积累的问题比较多。我看了一下他的成绩，一直比较靠后，他其实很苦恼，自己也希望有解决的办法。现在看，要在短时间内将成绩提高上去不现实。只能鼓励他不放弃，慢慢提高。总归要上本科，也一定能上本科，甚至可以更好。后面一年多时间只要调整好了心态，一定是可以进步的。这一点我们都要有信心。不要埋怨他，他找不到有效办法，就难免想到放弃。我跟他说，放弃了就没了机会。道理他都明白，但要战胜自己还是要有点毅力。我也给他举了例子，他会懂的。我们还是要相信他。"学习完全没有了吸引力，他就很容易放弃。缺乏吸引力的一个重要原因是接二连三的失败。屡败屡战，永不言弃，需要很强的毅力。

我们现在谈质量往往是放在比较的维度里，就是比名次。即使质量都不高，只要你排名在前，哪怕只高0.001，你就是胜者，你就是高质量。所以说，我们的教育一大功能就是制造失败者。孩子们为什么怕学校？因为本来在父母眼里聪明的孩子，到了学校就成了"笨蛋"。如何让这些"笨蛋"愉快地度过其漫长的学校生涯是一个现实课题。知识能学到多少倒在其次，能不能让他们练就强健的体魄和强大的心理素质？别嘴不能说，肩不能抗，手不能提，腿不能跑，眼睛高度近视，数学也只能考十分。不是说笑话，我们的教育有可能就是在造就这样的接班人。

"成绩那么差，还好意思笑！""成绩那么差，还好意思玩！脸皮真厚！"这是少数家长、老师常说的话。成绩不好是不能笑也不能玩的——多么可怕的教育！我想对家长们说，孩子的脸皮真的要"厚"一点，否则他活得很辛苦。很多时候我们就得"熬"，活着就是好，活着就得熬。一定有这样的孩子：从踏进学校那天开始他一直就是"失败者"。我觉得我们老师和家长帮不了他但要尊重他，给他一点快乐生活的空间。我知道，家长、老师也很苦恼。但我们更得"扛"，谁让咱是家长、老师呢？

前两天，一位在清华就读、学业优异的附中毕业生发朋友圈："我自己不想婚育的立场其实一定程度上也和生存焦虑有关，尽管说理智上的觉悟和情感上的单身焦虑之间形成了张力。"我留言："清华学子都有生存焦虑，甚至不想婚育，这社会看来真有问题。可是，问题出在哪里？"他回复："文科的尴尬地位，进入体制内的高难度与高成本；阶级固化，还有……"我接着回复："这些思考都很有价值！但先别着急，不忙下结论。"其实我还想说"车到山前必有路，没有过不去的火焰山"，但最终没有说。这段对话最近几天一直在我脑海里萦绕。我曾多次对他们说，北大清华的学生一定不要成天想着就业的事，现在我也有些犹豫了。虽然我也有过一两段灰暗的人生经历，但我觉得无权批评这位以及有同样想法的年轻人。显然，不是考上名校、衣食无忧就一定幸福。

我想，我们得自我拯救！

2019 年 4 月 11 日

如果没有
学生干部

　　看过一期梁宏达的节目，印象中他对大学里的学生会干部颇有微词。好像有那么一句，他不用学生会干部出身的毕业生。究其原因，似乎是说学生会干部类似"汉奸"。我猜想，如果要就学生会干部发动一次评价投票，评价一定不会太高。因为干部毕竟是少数人，少数人哪里能干过多数人！这类似于社会，无论干部队伍建设到何种优良的程度，大多数人仍然不会满意。就算干部是称职的"公仆"，那仆人也不都是让主人满意的。

　　如果说学生干部是"汉奸"，那毫无疑问，这"汉奸"也是老师培养的。试问有哪个老师选择学生干部不是选听话的？有人愿意找个天天跟自己对着干的吗？美国是民主社会，但美国总统选干部，一点都不民主。与代理司法部长耶茨一言不合，特朗普立即将其解职。竞选时两党可以吵，一旦胜出就搞"一言堂"，这是必然的。反对党可以天天"反对"，但反对无效。学生干部名声不太好，与太听老师话慢慢变得有点官僚不无关系。客观地说，问题出在学生那里，根子还在老师身上。我们有没有建立一套良好的制度有效地培养称职而又符合大众心愿的学生干部？其实这很难。

据说（据说而已）外国学校没有班干部，但我想，那么多的社团总得有头儿，头儿还不就是班干部。至于中国的学校，现在看上去还离不开班干部。没有了班干部，学校秩序就可能成问题。没有学生会，没有学生会干部，似乎问题不大，但果真没了学生会和学生会干部，学生的自治可能就要落空。学生没有自己的组织何谈自治？因此可以说，学生会主要不是帮老师管学生，而是帮自己管自己。定位清楚了，很多问题就迎刃而解。

老师常常是"变色龙"，他对现有的学生干部不满意，但要让他将满意的推荐出来他又不愿意。成绩不好的他瞧不上，成绩好的他舍不得放出来。我一直希望有一位各方面素质都很过硬的同学来出任校学生会主席，我一直认为学生会主席跟校长一样重要。好的学生会主席是要载入校史的。但这么多年来，真正优秀的学生会主席不多。成绩好的不一定能力强，成绩好能力又强的德行不一定好，成绩好能力强德行好不感兴趣也不行。而要让"精致的利己主义者"为大家服务比登天还难。所以，我经常说要宽容和爱护学生干部，要感谢他们。校园里没有了他们就少了许多生机。那些我们"捧在手心里的心肝宝贝"未必愿意帮你多做一件事，他们的家长也不一定愿意。

学生干部德智体全面发展自然好，但什么都不太好未必就不能担任学生干部。干部不就是服务吗！他愿意服务又有一点能力做好服务就可以了。在不少老师的思维定式中，学习不好就应该成天皱着眉埋头苦读，现在居然还兴高采烈地到处"疯"，吃五喝六，简直是岂有此理！因此，有不少老师对学生会的干部态度是很不好的，动辄一顿"骂"。学生会也算是个合法组织，但学生会作出的决定在老师特别是班主任老师那里一文不值。你要开会？我就不让你去，哭也没用！类似的事多得很。我倒想问问这些老师，你们考虑过自己在学生心目中的形象吗？为什么有不少优秀学生对学生工作不感兴趣，在老师那里不受待见是一个重要原因。我参加过学生会的干部会议，也参加过他们的座谈会，我坦率地说，有少数老师，在学生心目中的形象是极差的，连起码的风度和基本的礼仪都没有。学生也同样是看不起这些老师的。

总之，师生间还是要相互理解才好，而其中的关键是老师要将我们的教育目的想清楚。

昨天有同事在群里说："附中每次早读都有各种通知，其实对象就少数人，比如学生会开会，影响着全校学生。然而要通知全年级，甚至全校学生的事，比如拿校服，上校本课程等，却不用广播通知。少数人的事，广播通知，多数人的事，不广播通知。这个能改改么？"有同事接着说："另外通知的时间建议尽量选在 7:30，不要提前四分钟就通知，从而占用了早读时间。"还有同事说："学生开会的时候是不是可以考虑换个时间。做操、晨会也是学校的一个活动。曾有学生对我说，只要他们不想做操，就找机会开会，这样就不用出操了，尤其是夏天的时候。"我开玩笑地说："这没有什么奇怪的，话筒在您手里您也会这么干，也许更恣意！请杨越书记督促进一步规范！"又补了两条："看来干部作风建设得延伸到学生干部。""关于广播问题，仔细想想也有其合理性。"这是个老问题。早读时间乍一听我也烦，但仔细一想，也没有比这个更好的办法。校园广播功能之一就是发布通知，次数是多了一点，但说"每次早读"显然有些夸张。拿校服、上校本课程为什么不在广播里通知？因为写在周计划里或者通过 QQ 群通知班主任就行了，这些事是要通过班主任或老师来组织的。广播里可以通知，但最终还要通知班主任。不是所有的班主任都听广播。所以就没必要再通过广播通知。为什么提前通知？因为下课的铃声一响接着就是自动的集合提示音，等提示音结束了，学生早离开教室了。

谁也不会比谁更高明或更愚蠢。就那点事，看你想达到什么目的。至于说为了躲避做操而纠集一群人开会这就是品行问题了。

后来团委杨越老师作了如下回复：

对于老师们提出的问题我在这里进行一下说明，并根据大家的建议进一步规范管理。

1. 学生会开会时间固定在单周周二早上 7 点半，志愿者开会时间固定在双周周二早上。半个月开一次例会已成惯例，一般不会用广播通知。

2. 学生社团开会时间不固定，所以才会用广播通知。之前有老师反馈学生开会多，已经在社团会议上强调各社团要少开会。关于开会时间，之前强调的是不能占用自习课时间。一方面是不想耽误学生学习时间，一方面是老师反映自习时间学生不在班级不便于管理。

3. 在广播站管理方面已要求每次广播通知都需要登记，以便于监督。关于早读广播的时间，之前是 7 点 25 分，上学期有老师建议已经改到了 7 点 28 分。

4. 除去早操和下午的自习课，中午住宿生需要在规定时间内回宿舍，可以用来开会的时间还有傍晚这段时间，但是社团中还有一部分走读的同学就无法参加会议。当然，会议的频率也是需要严格控制的。因此考虑学生会和志愿者工作的特殊性，继续在规定时间开会。接下来会要求各社团尽量少开会，并尽量用傍晚时间开会。

解释得非常清楚。相信能够得到老师们的谅解。要不要将通知的时间推迟到下课时，我看可以试一试。说到底没什么不行，大不了有几个缺席的而已。

社团成员来自不同年级不同班级，不开会很难开展活动。开会也是一种形式的活动。我们可以作个假设，如果我们将各类学生会议的通知列入周计划中，班主任会不会主动通知本班相关同学参加会议？虽然周计划是挂在校园网上的，当然我们还可以张贴在公告栏那里，但到底还是没有在早读那个时间段广播通知更有效率。如果让组织者满教学楼地跑着当面通知，既无必要也同样得不到老师的支持。办法有很多，无非是要选择最优的。其实提意见的都是很负责的班主任，学校应当抱着极大的诚意努力解决好、解释好问题。还有一批老师还从来没有听到过这个广播呢，因为那个时间段他还没有到校。

我们有责任帮助学生安排好工作，不能一味指责。

如果我们的学生，特别是成绩优异的学生，都争着当班干部、学生会干部，争着为大家服务，那该多好！

2017 年 2 月 16 日

—下编—

服务即幸福

我坚定地认为，校园应当是诗意的存在。即使暂时还不是，但我们要尽己所能，努力营造这种"诗意"的氛围。

　　我们每个人奉献或与大家分享一点点美好，整个校园就会到处弥漫着大大的美好。

稍稍有一点诗意地栖居，
可以吗

19 世纪德国诗人荷尔德林有一首短诗《人，诗意地栖居》，诗未必太有诗意，但"诗意地栖居"的提法颇富诗意。这首诗，与其说是对诗的贡献，毋宁说是对哲学思想的贡献。诗是这样写的："如果人生纯属辛劳，人就会 / 仰天而问：难道我 / 所求太多以至无法生存？ // 是的。只要良善 / 和纯真尚与人心相伴，他就会欣喜地拿神性 / 来度测自己。// 神莫测而不可知？ / 神湛若青天？ / 我宁愿相信后者。// 这是人的尺规。/ 人充满劳绩，但还 / 诗意地安居于这块大地之上。// 我真想证明，/ 就连璀璨的星空也不比人纯洁，/ 人被称作神明的形象。/ 大地之上可有尺规？ / 绝无。"全诗有多好？不见得。可见，好诗未必需要字字珠玑，有一两处神来之笔即可。

"人，诗意地栖居"，200 多年前的德意志邦联的国民不知道是否真的是那样诗意地生活着。从 19 世纪初到 20 世纪中叶，战乱频仍的中国，人，逃命已是不易，哪里可能诗意地栖居？然而，在内忧外患接踵而至、民族濒临危亡的 20 世纪 30 年代，沈从文用《边城》这类"牧歌"式的小说为我们描绘了他眼中的那个时代的生活图卷。在最惨烈的抗日战争时期，孙犁却创作了小说《荷花淀》。在战火硝烟中，家国之爱、夫妻之情，崇高的品格、纯美的人性，像白洋淀盛开的荷花一样，美丽灿烂。今天，如果我们只看《边城》《荷花淀》一类的小说，我们一定认为那个时代的中国人真够诗意的，连战争都是极为浪漫的。正因如此，左派作家或革命作家对沈从文、孙犁是不乏微词的。

在物质生活贫乏的年代，我的梦想就是有足够的鸡蛋羹吃。换句话说，如果有吃不完的鸡蛋羹，在当时的我看来就是诗意的生活。在物质生活极大丰富的今天，我们终于发现，物质条件的优劣并不能决定幸福与否。诗意是心灵的产物，心灵是诗意生长的大地。没有对自由心灵的追求，任心灵被物欲所包裹，即便食有鱼、行有车、居有华屋，诗意地栖居依然只是梦想。细想之下，还是觉得幼年时祖母煮一个鸡蛋，妈妈摘一颗草莓、买回一根油条，我端详半天，拿起放下几次再吃下去，这种幸福的体验以及心灵的成长更清晰可感。每一个时代有每一个时代的问题，每一个时代的人也会有每一个时代的人的幸福与痛苦。

就物质条件的总量而言，地球可以承载150亿人生活。也即从理论上讲，只要地球上生活的人口不超过150亿，人类是可以"诗意地栖居"的。但为什么我们现在就觉得已远离诗意的生活？因为人类太复杂，人的心灵太复杂。很久以来，我们就一直致力于从物质和精神两方面满足人的欲望，但很早就发现欲壑难填。虽然如此，人类仍然继续从丰富物质和平衡精神两个维度不断寻求健康发展之路。

我觉得，精神再造是诗意生活的根本途径。但这个问题太难。目前看，突破困境的路途遥无尽头。我们憧憬的共产主义社会，其实现的难点绝非物质层面，而在精神层面。各尽所能，按需分配，对精神要求的层次远高于物质。要全人类都尽所能，取所需，即便在君子国也无法做到。何谓"所能"，何谓"所需"，仅从概念上就不易界定。既要保证人活着，又要让大家互不争利、和平相处，一代代智者绞尽脑汁，因此造就的学者不计其数，但很难说今天的社会一定比两千年前更太平。从理论的原创性的角度看，我们今天还没有超越孔子、苏格拉底和柏拉图时代。换言之，就拥有精神世界的核心价值之多寡而言，我们与他们仍同处一个时代。老子推崇人保持婴儿状，正反映出人们对有效治理社会的绝望。然而，让全人类保持婴儿状显然比实现共产主义还难。科学研究表明，生命基因得以延续的一个重要原因是无所不在的自私特性，所以单个生命体的利己行为几乎是与生俱来的。但假如所有生命个体都无所顾忌地相互倾轧，则这个种群会更快地灭绝。人是智慧生物，所以通过道德和法律的约束，催生必要的利他行为，有利于人这个动物种群的延续。然而，在生存环境危机四伏、人类社会生活秩序极度紊乱和价值观严重对抗的现代社会中，道德和法律之网密布，诗意地栖居自然又远离我们而去。

人是自然的一部分，人当然无力对抗自然；但人能逐步认识自身、认识自然，因此能够有限地利用自然规律，有可能建立超越一般自然规律的理想社会。所以，无论自然之子之间、人与自然之间、人与人之间充满着多么激烈的生存竞争，正确的解决之道依然是不能放弃对精神世界的共同建构。只要有共同的精神追求，哪怕只是在精神大厦中拥有微不足道的一角可供安放自己的灵魂，不使自己迷失在对物质的追逐中，那么，稍稍有一点诗意地栖居是完全可能的。

我是理想主义者，甚至有些想法很幼稚，但我坚定地认为，校园应当是诗意的存在。即使暂时还不是，但我们要尽己所能，努力营造这种"诗意"的氛围。不管诗的内在特征是如何定义的，诗给人的外在感觉是愉悦的，哪怕诗的情绪是悲伤的，而诗意则一概是美的。没有美便没有诗。所以，我所理解的诗意的校园就是充满着"美"和"好"的校园；我所理解的诗意地栖居就是能够暂时忘记无法改变的生存紧张。只要不奢求，诗意就在我们身边。一切能够缓解生存紧张，使现时以及未来回忆充满美好的校园生活都可视为"诗意地栖居"。显然，这只需要我们每个人付出一点点。我们每个人奉献或与大家分享一点点美好，整个校园就会到处弥漫着大大的美好。

周三下午，我参加了陈晓华、袁冉两位老师的朗诵会，主持人张丛林老师让我点评。没有任何准备的我，即兴离题地谈了点关于对诗歌的理解以及对诗意生活的理解。我特别期待，每一天，哪怕是每一天的"边角时间"，在附中校园的某一处不为人注意的角落，还有人，特别是有老师和学生在一起，谈着或做着做题以外的事。做题、考大学固然重要，但做题不能是生活的全部，考大学更不是人生的全部。我们应当在适宜的时间开始对人生更多情感的体验和其他人生必修科目的训练。让陈晓华、袁冉举办专场朗诵会是我的提议，我希望以此为开端，有更多的老师为学生朗诵、唱歌、弹琴、跳舞、讲故事等等，也希望有更多的学生加入。我曾提倡为学生举办专场的歌唱会或演奏会，小型的。遗憾的是至今没有落实。我的周末讲座本来是策划成"周末100分钟——校长为您读博客"的小节目。我本希望给不超过30位真有兴趣的同学读我的博客，面对面地谈我对生活的理解，顺便谈文章的写法，一个学期组织个五六次。但因种种顾忌未能如愿。我不希望开展太多的大场面的活动，我希望各种小活动无时不有、无处不在。我的理想是希望我的同事和学生夜晚入眠前能够体会到一天的美好，能为某一点小事而有些微的感动。这也许是幻想，但也并非绝无可能。

　　说到朗诵，我居然能在一瞬间回忆出朗诵留给我的美好记忆，那种诗意地栖居仍令我回味无穷。我上大学时，77级一位学姐在迎新会上为我们朗诵了俄罗斯诗人普希金的《叶甫盖尼·奥涅金》中的女主人公达吉亚娜写给奥涅金的信。那封信真长，学姐脱稿朗诵，情真意切，令人难忘。诗的第一句至今记得："我在给您写信——还要怎样呢？"这是我现在能够回忆起来的第一次清晰地感悟到朗诵的艺术魅力的一件事。我的中小学老师全都没有带给我这样的享受。我们看电影的时候，对画面和情节的过度关注，往往使我们忽视了声音的魅力。所以，小时候电影虽看了不少，但声音作为独立的艺术并未进入我的视野。后来，童自荣给《加里森敢死队》《佐罗》的配音、孙道临给《王子复仇记》的配音、尚华给《虎口脱险》的配音、邱岳峰给《简·爱》的配音、简肇强、姚锡娟给《血疑》的配音等，至今都给我留有难忘的印象。我对当年上海电影译制厂的配音演员留有深刻印象，譬如邱岳峰、毕克、李梓、刘广宁、尚华、童自荣、乔榛、丁建华、胡庆汉等，至今依然能够分辨出他们的声音。电影《悲惨世界》放映后，译制导演兼冉·阿让的配音演员胡庆汉还给我们上过课。他不仅现场脱稿表演了一大段台词，而且还指导几位同学朗诵。80年代中后期，我还买过几盘电影经典对白的盒带，经常听，觉得魅力无穷。2006年我在上海挂职时还专门跑到位于虹桥路上的上海电影译制厂参观。此时它已改制成为上海电影译制厂有限公司，成了一家企业，名称极具中国特色。在没有电视机的岁月里，我和太太经常听这些盒带，择菜、做饭、洗衣、打扫卫生往往开着录音机，百听不厌。或许在别人看来，这不过是"穷快活"，而在我们看来，这未尝不是一种诗意的生活。在媒体多元化令人陷入选择困境的今天想来，尤其觉得那就是一种诗意地栖居。

诗意生活是一种生活态度，与物质生活水平的高低没有太直接的关系。没有乐器，可以有歌唱；没有剧院，可以有音乐、戏剧；没有标准田径场，可以有运动；没有咖啡座，照样可以促膝谈心；没有书籍，依然可以有故事；即使陷入生活绝境，只要心中有诗，则依然有爱的依恋……当我站在浙江奉化溪口的河边、当年蒋经国为他苏联籍太太蒋方良跳水而修的跳台上时，脑海里涌现出的第一个念头就是：对于富有生活情趣的人来说，生活总是富有诗意。那些心中无诗的人，往往将全部的精力投放到财富的积累上，期待有一天在成为物质的富翁后自然就升格为精神的富翁。其实这是两码事。正因如此，我觉得老师一定要有生活激情，一定要做一个能够被感动的人。任何时候都不为所动的人，生活中是感觉不到诗意的。如果我们重视、丰富自己的精神世界，懂得灵魂交流的重要性和精神价值分享的意义，从小事做起，身体力行，就一定能够在平凡的世界中诗意地栖居。

"从明天起，做一个幸福的人／喂马、劈柴，周游世界／从明天起，关心粮食和蔬菜／我有一所房子，面朝大海，春暖花开／从明天起，和每一个亲人通信／告诉他们我的幸福／那幸福的闪电告诉我的／我将告诉每一个人／给每一条河每一座山取一个温暖的名字／陌生人，我也为你祝福／愿你有一个灿烂的前程／愿你有情人终成眷属／愿你在尘世获得幸福／……"（海子《面朝大海，春暖花开》）最后一行诗句多少有点不中我的意，还是略去吧。

2014 年 5 月 30 日

幸福，
停留在未来的什么地方

谈到育儿观，老舍先生说："我不主张太早教孩子们认字。我对于教养小孩，有个偏见，也许是正见：六岁以前，不教给他们任何东西，只劳累他们的身体，不劳累脑子。过六岁，该收缴娱乐，但仍不从严监促。他们聪明，爱读书呢，好；没聪明而不爱读书呢，也好。反正有好身体才能活着。"

最近有几位孩子刚上一年级的同事喊"累"，并非因为工作，而是因为孩子。孩子刚上一年级，家长们就建了 QQ 群，成天讨论孩子的学习问题。班里有相当多的孩子，一年级的学科内容已经学的差不多了。那些玩了六年的孩子以及他们的家长现在着急起来，因为在班里成了"落后分子"。人家"不学"就懂，咱学了还得慢慢才能搞懂。咱本来倒是不急，但从老师、同学以及同学的家长的表情和眼神里读出了问题的"严重性"，于是咱也急了，再于是咱家长也急了。我的几位同事就属于"咱家长"。于是就真有一位同事不久前离职，准备带着孩子"逃离"中国了。我既不解也觉得遗憾。

老舍先生生于 1899 年，他的孩子应当出生在建国前。我搞不清他有几个孩子，只知道他的儿子舒乙先生生于 1935 年，那时中国的教育环境与今天可谓完全不同。在文盲超过百分之九十五、学校教育很不发达的彼时中国，写小说而已成"家"的老舍在孩子教育方面自然是可以洒脱一些。如换作今天，眼看着孩子输在起跑线上，恐怕就难得逍遥。

老舍先生似乎是"慢生活"的典范，晚婚晚育，好像学什么都不成但也"不着急"。他在 40 岁时写一《自传》："舒舍予，字老舍，现年四十岁，面黄无须，生于北平。三岁失怙，可谓无父；志学之年，帝王不存，可谓无君。无父无君，特别孝爱老母，布尔乔亚之仁未能一扫空也。幼读三百篇，不求甚解。继学师范，遂奠教书匠之基。及壮，糊口四方，教书为业，甚难发财，每购奖券，以得末彩为荣，亦甘于寒贱也。二十七岁发愤著书，科学哲学无所懂，故写小说，博大家一笑，没什么了不得。三十四岁结婚，已有一男一女，均狡猾可喜。闲时喜养花，不得其法，每每有叶无花，亦不忍弃。书无所不读全无所获并不着急。教书作事均甚认真，往往吃亏，亦不后悔。如此而已，再活四十年，也许有点出息。"遗憾的是他未能再活 40 年。1966 年 8 月 24 日深夜，遭到迫害的老舍先生自沉于北京西北的太平湖，享年 67 岁。

在物质生活贫乏的年代里，人们的心态或许还算从容。我们现在之所以要剥夺孩子童年的快乐，一个主要因素是不安全感带给我们无时不在的焦躁。我们压迫孩子的唯一理由是希望他将来过上幸福的生活，所谓"吃得苦中苦，方为人上人"。我记得巴金先生在《随想录》里有一篇叫《写给端端》的文章，端端是巴金先生尤为疼爱的外孙女。上个世纪 90 年代初，时任上海市委宣传部部长的陈至立去看望巴金，巴金先生当面呼吁要给"端端"们减负，说孩子们太苦了。其时，媒体也报道了山西省省委书记王茂林说的一句话："我们家最忙的是孙女。"20 年过去了，说句良心话：问题更严重。

朱清时在担任中国科技大学校长期间，曾在接受记者采访时把中国现行的高等教育比作一部高速飞驰的列车。方向错了，但是所有坐在车上的人都不敢跳车。大家的选择是，在这趟沿着错误方向飞奔的列车上，继续狂奔。假设朱清时这个比方成立，则车上的乘客束手静待显然无法改变现状。必须要有一种力量迫使这辆飞奔的车停下来，然后选择正确的方向前进。办法有两个，一是有人命令车子停下来；再就是乘客"造反"，迫使司机停车。舍此就只有等待车子开到错误的终点。我觉得理想的办法是有人（譬如政府）命令它停下来。现在看来，要让这辆飞驰的列车立刻停下来非常困难。我们需要"救星"救救孩子！

科学发展观是伟大的思想。发展不科学有时比不发展还糟糕。然而，真正按规律求发展的还是太少；多的是图眼前利益、图一己利益。"人"本应对自己好一点，譬如我们约定十岁之前不读书、只玩行不行？如果不是一点利己和防人之心在作怪，我们完全可以少读点书，或者读得轻松一点。在人类发展历史的漫长岁月里，文盲照样快乐地繁衍。今天，如果我们自己不将生活搞得异常复杂，不通过掌握知识的多少来决定竞争的胜负，我们完全可以不必那么辛苦地读书。我们不顾一切地逼小孩子死读书，实则是对生命的极大不尊重。折磨孩子其实就是折磨我们自己。但我们是陷入其中的普通人，我们无力拯救自己。

19世纪末，美国传教士雅瑟·亨·史密斯曾写过一本书《中国人的性格》，他专门用了一个章节来写"漠视时间"："对中国人来说，盎格鲁－撒克逊人经常性的急躁不仅是不可理解的，而且完全是非理智的。很显然，中国人不喜欢我们的人格中所具有的这一品性……无论如何，要让一个中国人感到行动迅速敏捷的重要性，那是很困难的。"最有趣的是，史密斯认为中国人漠视时间正表现在他们的勤劳之中。他们不停地劳作，实际上是在不停地浪费时间，他们一点也不担心做无用功或者返工。几十年后，史密斯所说的"盎格鲁－撒克逊人经常性的急躁"就变成了中国人的"经常性急躁"。我们很急，很忙，但很多是在做无用功，譬如我们在"起跑线上"学的那些东西。

唐太宗说："夫以铜为镜，可以正衣冠；以史为镜，可以知兴替；以人为镜，可以明得失。朕常保此三鉴以防己过。"然而，别人的教训未必能够成为自己的经验。在西方人由"急"而"慢"下来的时候,我们却步其后尘,开始急躁起来,并且变着法子让儿童也跟着"急"起来。重蹈覆辙是人类不能自拔的宿命。想不明白世道人情的如我辈者依然痛苦或快乐地活着;想明白的智者也许早早地远离尘世,到愿去或能去的地方去了。在科学发达的今天,我们发明了很多东西试图用来解决烦躁症,但实际上却只是发明了另外一些烦躁症。"急"的问题是心病,外在的治疗手段很难解决问题。

从蒸汽机发明以来,世界的发展就一直在加速。我们被自己追赶得"穷途末路"。直到在工业革命200多年后,欧洲开始逐渐反思并开始减速。新的城市哲学悄悄在欧洲一些小城里诞生,这套哲学叫做"慢"。"慢城"是一种新的城市模式。与快节奏的生活方式不同,在这里,有更多的空间供人们散步,有更多的绿地供人民休闲,有更便利的商业供人们娱乐和享受,有更多的广场供人们交流。此外,"慢城"还提倡拆除不美观的广告牌、霓虹灯、城市电线,并限制小汽车的行驶速度和禁止汽车鸣笛,提倡融洽的邻里交流,希望人们有更多的时间关注家人和子女的教育。慢并不是慢本身,而是说可持续地发展,更有效率地工作,更有诗意地生活。慢生活是一种生活态度,是一种健康的心态,是一种积极的奋斗,是对人生的高度自信。随着"慢城"的兴起,应运而生的是"慢学校"。这些学校提倡没有竞争的教学方式,给学生更多的自由时间,反对填鸭式教学。"慢学校"运动提倡建立一个新的教学体系,授课时间灵活,并根据学生的需要设置课程。我没有太多的奢望,不指望在"慢中学"里当老师,但我真的很期待所有的幼儿园和小学都是"慢"的。

孩子的幸福就掌握在我们手里,我们现在就可以给他,但为什么骗他幸福停留在连我们自己也不知道的未来的某个地方!

2013 年 12 月 18 日

抒写
诗意人生

听、说、读、写是语文学科的四门功课。课程不管怎么改，无非围绕这四门功课进行。从这个角度而言，在义务教育基本普及的今天，写作应该是人人能为的一件事，虽然能力和水平有差异。但实际情况是，很多大学毕业生也写不好一篇主题鲜明条理清晰的短文。高中甚至大学毕业证拿到了，但写作这门功课尚未过关。原因在哪里？我觉得最主要的原因是没有获得抒写的乐趣。这里面既有教师的责任也有学习者的责任。

只有动手写才会写。语文学科是一门实践性很强的学科，听、说、读、写的能力都只能从实践中获得，写作更是如此。有天生的写手，但更多的人靠后天习得写作能力。语文教师的第一责任是激发学生的写作兴趣。他只要有兴趣写，有持续写作的兴趣，不管当下多么不上路，也不管中高考作文分数多低，他迟早会上路的。语文老师的首过就是打击学生的写作兴趣，让其望写而却步。不写是写不好的主要原因。

考试作文是写作的一部分而非全部。我们有责任引导学生写好考试作文，但不能用考场作文的评分标准作为唯一标准来评价学生的作文水平、衡量学生的写作能力、判断学生的写作潜力。有不少曾经的写作爱好者因"倒"在考场上从此一蹶不振，失去了主动写作的信心和兴趣，慢慢真的成了写作的门外汉。考场作文有其特定的套路，这个套路往往因阅卷的"草率"而形成。阅卷时间以及阅卷教师的水平成了作文高手的"杀手"，甚至令写作者不知因何而"死"。然而，既然有套路就一定有掌握的门路，所以，只要转变观念，主动应对，真正的写作高手在考场上是能够胜出的，至少不会一败涂地。

教育应激发学习者思考的乐趣，语文学科尤应如此。作文不过是将自己的所见所闻所思所想写下来而已，怎么会没什么可写的？语文教师要着力激发学生倾吐、倾诉的欲望。有了"写作欲"就不愁没什么可写，经常写能力和水平就一定会提高。语文教师的最大失败，就是你的学生走出了高考考场后，再也不读不写。

另一个更重要的问题是，我们为什么要写作？事实上绝大多数人走出校门后一辈子都不会再写作。我觉得，写作首先是个谋生手段，譬如专业的文字工作者。其次，写作是一个重要的沟通工具。掌握这个工具给沟通带来很大方便。再次，写作是一个重要的工作辅助手段。凡处在各行各业重要岗位上的人都离不开写作。所谓"立言"往往也是工作的需要。不说是立德之需，至少是立功之必需。举凡伟人，哪一个不是著作等身的。但是，我觉得最重要的是，写作是自我对话的最好途径，是让生活艺术化的最便捷的方式。对话自己，对话心灵，可以纾解生存焦虑；而寻常生活即便如秋冬之旷野，但在摄影家的镜头中依然可以是美丽的，到了纸上，自然也可以成为魅力无穷的文字。不必说"未经审视的生活不值得过"这么哲学，但将平凡生活的真实体验写下来就可能有"诗意"。那些曾经感动过你的文字，经过岁月的淘洗依然会令你感动。也就是说，普通人照样可以抒写诗意人生。

作为语文教师的校长，我在筹建附中之初即在学校发展规划中明确将写作能力作为学生发展目标的核心要素，将写作教学作为学校的发展特色来培育。学校开办之初即在学校网站上设立了"教师博客"栏目，我自己的博客排在第一位。我希望老师们先动起来，营造一种写作氛围。我当时还有一个朴素的想法，就是希望通过"教师博客"这个栏目展示教师风采。因为我认为没有"一流"的生源也能建成一流的学校，关键要有一流的教师。从哪里能看出来附中拥有一流的师资队伍呢？我觉得"教师博客"是个很好的窗口。教师写出一座"图书馆"来，我不相信濡染不了学生。我承认我有些天真，老师们的积极性并没有想象的那么高。也许是大家对这种形式不感兴趣，而更大的可能是大家都很少动笔。11 年来我在博客上发表了近 700 篇文章 200 余万字，也有几位同事在更新博客，但更多的人连七篇文章也没写过。这让我更加觉得培养学生的写作意识和写作能力很重要。学生时代如果有写作兴趣，到了职场上一般是不会畏惧写作的。

大约在一次语文组的会议上，我再次提到写作教学的问题，特别提到教师要鼓励、帮助学生发表作品，哪怕是在《闽南日报》这样的地方报纸上发表，对学生都会有很大的激励作用。那个时候，《闽南日报》刚开辟"教育专刊·学苑"，专门发表中小学学生的习作，我觉得这是个非常好的写作园地。但老师们基本不看报纸，并不知道有这个平台。这之后，学生在公开刊物上发表作品突飞猛进，渐成气候。当然，这也许是水到渠成的结果，不一定与我的一次动员有关。

近三年来，学生发表作品渐成井喷之势。2016—2017 两年发表了 300余篇作品，2017—2018 学年发表了 202 篇作品。发表的刊物，除《闽南日报》外，还有《作文通讯》《中国校园文学》《中学生博览》《中学生阅读》《少年文艺》《新作文》《创新作文》《中学生天地》《作文》《帅作文》《初中生读写舫》《作文周报》《散文诗》《青少年日记》《文道》《星星诗刊》《读写》《作文周刊》《阅读与作文》《读写月报》《闽南风》《美文》等报刊。形成这样的氛围与语文组同仁积极响应、全力推动有关，特别是教研组长培旺老师和邬双等老师的成果更为显著。培旺还专门汇编了学生习作发表刊物的相关信息，这对学生习作能在这么多刊物上发表起到了很大的推动作用。这些刊物的编辑对附中学生的作品评价良好，使得学校与刊物间建立了广泛联系，《作文通讯》《萌芽》等杂志的编辑多次到学校与学生进行现场交流。

这几年，附中学生还囊括了新概念作文大赛、创新作文大赛等所有全国性中学生写作赛事的一等奖。继高中 2016 届郑凌峰同学在校出版作品集之后，今年高三年级还将有五位同学各自的作品集正式出版。校内"亦乐杯"作文竞赛等活动开展得也是如火如荼。"写作"成了厦大附中的热词，自然渐成附中的一大特色。在我的倡议下，在开发区文联之下成立了小作家协会，于是附中的"亦乐杯"成了开发区学校的"亦乐杯"，附中的写作文化在更大范围内产生了影响。

其实，我当时还推荐了《闽南日报》另外两个副刊"九龙江""温馨岛"，让老师们动动笔投投稿，但响应者寥寥。教师是"教练"也应该是"运动员"，应该多写下水作文，也要积极写作多多发表作品。更重要的是，语文教师应当有文学情怀。语文教师都不爱文学写作，文学将何以为继？在写作教学和研究方面，绝大多数语文老师都在积极探索：有研究课题，有校本课程，还编了校本教材。今年年初，我们将这个特色概括为"校园写作润泽生命"申报省级教学成果奖，最终获得二等奖。显然，评奖不是目的。对教师的学术写作我也是坚定不移的推动者，全校近三年在公开刊物上发表论文 300 余篇。校内刊物《教研通讯》《德育论文集》分别编到第八辑、第九辑，虽然对老师评职称没什么直接帮助，但对进一步营造好校园写作氛围的作用不可低估。

最近我一直在思考如何进一步推进校园写作的问题，觉得还需要更大的推力。我特别希望建立一个类似"写作中心"的机构，能邀请一两位合适的驻校作家。所谓"合适"，一是有点名气，二是钱我们能出得起。所谓"驻校"，并非要天天住这儿，一个学期待上一周即可。偶像的作用往往大于制度。但冷静一想，这个事只能慢慢来。

"盖文章，经国之大业，不朽之盛事。"语文组内同仁皆志同道合，为此大事而来，不能没有口号，于是我想了这句话：抒写诗意人生。

写作润泽生命，抒写诗意人生。

2018 年 11 月 5 日

早晨的一个电话
让我幸福一天

今天早晨 5 点 50 分起床，穿好衣服进入卫生间听到手机铃声，心中一紧，急忙拿起手机一看，是同事印堆的电话。那短短一瞬间居然能浮想联翩。我首先想到的是他班里学生出事了，接着又猜想他家里有什么事。接通电话一听，是莫名其妙的声音，似乎有讲话的声音也有呻吟的声音，我连喊了几声"印堆"才听清他说自己生病了，我的心跳立即蹦到 150，觉得大事不好。他一定是寻求我的帮助，请假没必要这么急。我问他在哪里，他说在医院。我觉得不可思议，在医院怎么这么急地给我打电话，医生干什么去了。我再次确认，他说在第一医院，我说你不要急，我立即过去。此时 6 点 11 分。仔细一看，6 点 03 分他已打过一个电话，我在卫生间里没听到。我觉得问题很严重。

我只刷了半分钟牙胡乱擦了把脸就匆匆下了楼。在电梯里看到 QQ 群里高明老师 6 点 15 分发的信息，说印堆结石剧痛，医生让他自己转到龙海医院，问谁有车子送一下。听说是结石，我稍微松口气。我说我马上到医院了。偏巧昨晚我没开车回家。我一路奔跑一路愤愤，为什么 120 不能送？气温低，皮鞋硬，昨天走了两万步回家好好的，早晨一走却磨脚后跟，我几乎是蹑手蹑脚一路小跑。6 点 23 分我循着呻吟声走进了医院观察室。从接到电话到进观察室一共 12 分钟。

进门一看，吓了我一跳，没见过这阵势。印堆横跪在床上，大声呻吟着，疼痛到几乎绝望的地步。病房里只有他一人。我刚想发作，护士就走过来向我介绍他的病情。我说你们没有救护车吗？她说有哇。她又说结石都是这样疼，还有比这还疼的。我立刻明白了，对印堆说，咱现在得扛，这是常见病，到哪儿都是这么治，没必要转院奔波，先等等看。印堆说好。我对医生说你得有治疗措施，医生说马上吊水，然后要找医保卡，半天没找到，我说就别找了，先看病开药。这时高明老师也来了，还喊来了一位开车的朋友。接着绍伟主任也来了。印堆依然疼痛得厉害，恨不得有个地缝能钻进去的样子。我对医生说得想办法缓解，硬扛不行。护士说要不打杜冷丁，我说行，她又说要身份证，我说我在这里，回头再补给你。护士二话没说就给印堆注射了杜冷丁。接着开始吊水。奇怪的是连扎三针，针针回血，药水就是吊不进去。护士又喊来另一个护士，再扎一针，终于成功。我让高明老师先回去，他孩子一人在家。这时，四梅主席和志源主任先后进来了，大家又是拿被子又是倒水，一阵忙乱。十几分钟过后，杜冷丁起作用了，印堆说疼得好些了。其间，他不停地让我们走，又说什么他还有课。我说这个样子还上什么课，我们怎么可能让你一个人在这里。渐渐地他的疼痛又有些缓和，我决定让绍伟留下看护，志源开车送四梅和我回学校吃早饭，顺便给绍伟和印堆送餐。上午我又几次打电话了解情况，B 超做了两次才成功，结石很小，很快就不怎么疼了。同事们都很关心，不停地在群里问候。有好几位同事下课后到医院陪护，送午饭。中午 12 点多印堆离开医院回家。

吃完早饭、看完早操后回到办公室我才认真剃须洗脸，心情放松了许多。因为下午要召开党委成立后的第一次党员大会，有些事需要上午准备，没有时间到医院，只能抽空打电话过去了解情况。绍伟一直到中午才返回。坐在食堂吃午饭的时候，看到志源、绍伟，我也觉得我们的集体确实很温馨。想起印堆对我说的"抱歉"（他觉得不该那么早打搅我），我反倒在心里升起一种幸福感。他能在危急的关头想到我，说明他信任我，我其实应该感谢他。这是我的真心话。

在我身体状况最不好的那一段时间，我经常想，假如我面临危急状态，我会第一个给谁打电话求助？我会在自己的心中排队。总之，那些不愿意帮助他人的、经常不接电话的、不回复留言的我一定不会找他。

这件事让我再次认识到要切实关心教师的身体，特别是要关心那些单身老师。其实，印堆4点多就是自己骑摩托车到医院的，因为他现在就是单身汉。学校初创时我曾经给老师们说过，身体不舒服，任何时候都可以给我打电话。那时候，学校只有一辆公车，我可以随时听候调遣。十年过去了，学校长大了，我逐渐忘记了这件事。其实我依然是24小时开机，我依然可以保证听任差遣，但我在公开场合没有再承诺过，因为我忘记了还有些同事暂时还没有"家"。

谢谢印堆！

2017 年 12 月 13 日

那一刻，
我不想惊扰他的美梦

上周日晚自习，我照例巡堂。7 点刚过，我离开办公室。先到洁行、敏行楼看高二、高三，然后到知行、景行楼看其他年级。高中年级都是班主任督修，第一节课一般都是段长召集班主任开会。初中寄宿生不多，集中到一两间教室自习，一般是轮流安排老师看班。那晚，走到知行楼一楼的一间教室外，发现督修老师趴在讲台上，似乎睡着了，学生安安静静地看书写作业。看到我走过去，有学生抬头欲喊"校长好"，我做了个"不要讲话"的手势，又用手指指趴在那里的老师。大半个班的学生都抬头看到我的手势，也明白我的意思。我摆摆手离开了，继续巡堂。

从一楼到五楼，我走过每一间教室和亮灯的房间，接着走到笃行楼，走进几间亮灯的实验室看一看。返回力行楼的途中，我忽然觉得应该再去看看那位同事。我担心他别是身体出了什么严重状况。同事九年，我看到的他从来都是精神十足走路小跑的。我摸着自己口袋里的硝酸甘油，一路快步走过去。

走近一看，一切照旧。教室依然很安静，同事依然趴在那里，学生看到我依然是微笑。我忽然犹豫起来。他趴得那么端庄，大约不会有什么事。我对同学们还是摆了摆手，然后从后门喊了一位女生出来，嘱咐她：

"老师可能太累了，让他睡一会儿。等会儿下课如果还不醒，你到校长室喊我。"她明白了我的意思。我回到办公室，心里并没有完全放下。直到下课，再到上课，学生都没有来。回家之前，我交代隔壁办公室值班的同事，等会儿再去看一下，了解一下情况，不要说我交代的。过一会儿，值班的同事给我发信息说，那位同事因为太累了，撑不住便趴下睡着了，身体无碍。我这才放心下来。

我为什么毫不犹豫地"无视"其在课堂上睡觉呢？最主要的是我觉得能当着一班学生的面趴着睡着了，一定是困得难以抵挡，那最好的处理方式就是让他睡。能让同事美美地睡上一觉是我的责任。不是所有时候，校长都有能力让老师和学生睡好觉的。此时叫醒他的目的和意义都不明确，所以我不会去惊扰他的美梦。当然，另一个原因是，这是晚自习督修，不是正课，更不是上课。他在走廊里溜达也行，呆坐着也行，找学生谈心也行，备课也行，看闲书也行，当然不能说睡觉也行，但到底也无妨。学校确实有规定，双休日和早、晚自习教师督修的教学管理与工作日上课相同，教师不得做与上课无关的事。但这么多年来，我一直有点底气不足：我们凭什么让老师加班？想到这一层就觉得大家有个差不多就行。还是要肯定这是教师在奉献，就不要搞那么多的清规戒律。出现类似问题的毕竟是极少数。假如我们按有关规定实行纪律处分，我不敢断定，同事提起劳动仲裁，我们的校规就一定能站得住脚。但有一点我可以肯定，老师因为晚自习督修睡觉而受到处分，全中国的老师都会痛骂我这个校长。

厦大附中的老师可以不加班吗？我必须坦承：真的不行！我们是寄宿制学校，学生不仅是周一至周五在校，周六周日也在校，一个月左右才能放一次月假。不是所有学校都要这样，但我们就是这样。没有更好的办法。只要学生在校，就至少得有一部分教师在校。然而，教师编制和人力资源还是按一般学校配置的。所以，加班就是自然而然的。如果您要是硬要拿《劳动法》来较劲行不行？当然也是行的！您可以不加班，但您可能也要付出点什么。事实上，附中的教辅人员和一小部分初中教师不需要加班。也会有一部分年轻的高中教师在某个特定时段要求到初中任教，目的就是不必督修晚自习和周末加班。加班虽有点加班费，但并非按《劳动法》的规定支付的。所以，我一直认为附中的老师是辛苦的，同事之间也是苦乐不均的。因此，不是所有的"名师"都认可这种做法，故而，厦大附中未必是"名师"们的理想家园。在收获来自不同方向的"赞美诗"时，我一律并非谦虚地敬告：也许是距离产生美。我看到网络上那些被赞扬或批评甚或谩骂的"我"，我甚觉陌生，以为那都不是我。

正因如此，任何情况下老师都要避免趴在讲台上睡着了，除非全体师生都在假寐。我也多次提醒，教师一定要、也是可以杜绝上课迟到、接打手机一类事情出现的。因为现在通讯方便，在"万一"出现时完全可以有"一万"个补救措施。我举几个例子说明。譬如，您确定在这节课中间有个重要电话要接，您就课前将电话交给同事，来电时同事喊您出去接一下，同事帮您看一下堂。又如，您今天身体不适，瞌睡难当，您不妨和同事换一下课，踏踏实实睡足再说。还如，您因不可预测的事情面临迟到，您可以打个电话，也可以在群里发个信息，让同事帮您顶一下。这样处置，既不难也有效。无人能保证任何时候都不出状况，但要积极应对。曾有青年教师对我说，几个闹钟都叫不醒我怎么办？我说有三个办法：一是您雇个人喊您，二是一晚上不睡觉等着上班，三是辞掉这份工作找一份想什么时候上班就什么时候上班的工作。总之，您必须按时上课。晚上不睡早晨不起，这毛病是自己惯出来的。要知道，拖拉的毛病一旦养成，不下点功夫则一辈子都改不掉。上班迟到与否与年龄大小、孩子大小、家务事多少没有太大关系。

哈佛大学发布一篇题为"挑一个好老师比培训一个更容易"的论文，用数据对"教师经验越丰富教学越成功"这一普遍被接受的观点提出质疑。美国将从教八年界定为"中等经验"。作者认为，有中等以上经验的教师并没有比中等经验以下的教师教得好。显然，仅就"教学效能"而言，这个研究成果不无道理。我们不难发现，只有少数老教师的教学成绩能够名列前茅。老教师并没有老大夫吃香，经验不一定能起作用。研究表明，"好教师"在工作态度、师生关系、人格魅力等方面与众不同。这与我们的直观感受是吻合的。行业经验只是从业经历的表象特征，究其根本，需要的是挚爱，对教育、对学生、对专业真挚地爱。

没有爱就没有教育！正因如此，我一直认为考察教师对教育的态度和理解比学科素养以至专业能力更重要。我不认为入职前的基本职业能力训练可以定终身，也不认为入职后的岗位培训可使人脱胎换骨。所以，我们学校自建校以来，一直不拒绝非师范生，包括暂无教师资格证的毕业生。在基础素养之外，重点考察对教师职业的热爱程度。如果对教师职业缺乏比较深入的理解和必要的精神准备，即使具备较好的基础素养，也很难成长为优秀教师；即使很快能取得良好的教学效能，但随后又困于职业瓶颈。有天生的"好教师"，但大多数"好教师"都是后天修炼的。而这种修炼是自为的，靠外力强迫基本是无效的。其内驱力源自"挚爱"。没有制度不行，但很多时候，有效的制度却是无效的。一切靠制度就能解决的问题都不是问题。

在师资队伍建设上，青年教师成长是重点，而难点则是中老年教师。当制度的效能衰减后，那些本不热爱教育、也不太喜欢孩子的"老"师渐渐现出原形，最终成为职业倦怠、"教学效能"差、他不喜欢学生学生也不喜欢他的老师。人品可以修炼，但若非痛下功夫，几十年一过可能还是原来的样子。是老人变坏了还是坏人变老了？我觉得多半是"坏人"变老了。江山易改，本性难移。"优秀"是没有年龄限制的。不要动辄批评青年人。全社会有责任让"坏人"变好，不让老人变坏。

2019 年 3 月 9 日

我很担心有一天
我们成了"木头人"

开学后不久，同事吴老师来找我请假，要到厦门第一医院做个"小手术"。听他介绍，手术风险不大，但比较复杂，厦门一院也只有一位大夫精通。需要住院排队，具体什么时候能做说不清。我嘱咐他，做手术前一定要告诉我。他说没什么要紧，我说不要紧也得告诉我。我让工会主席潘老师主动跟踪，她也不时问询，但一直定不下手术时间。

几天就这么过去了，我也逐渐淡忘了。教师节那天我突然又想起来了，赶忙问潘老师，潘老师一联系，居然就是初定次日手术，具体是上午还是下午说不清。晚上得到消息，可能要到下午三点后。我对潘老师说要去几位老师帮帮忙。下午上班后，学校几位干部赶到医院。手术时间又要推后，加之医院全程服务，确实帮不上忙，他们又回来了。离开医院时仍然确定不了具体的手术时间，反正就是一台接一台地做，挨到什么时间就什么时间。晚上快11点的时候，吴老师爱人给我发信息说"手术很顺利"。

前天下午听课间隙，我突然想起这件事。不知道吴老师恢复得怎么样了，便发个信息过去。一个多小时后收到他的信息，已经出院了，恢复得很好，准备周五带学生到福州参加奥赛。我说要注意休息，可以让其他同事带过去。他说"周五再看"。今天上午，他到我办公室说明天带学生到福州。看上去确实恢复得挺好，只是嗓子说话还不太行。医生技艺高超，我瞅了半天也没看出刀口。

每当有同事住院做手术，我都要尽力关照并尽量安排人到医院帮忙。一般住院的都要安排人去慰问，我自己也要尽量去。但是，现在这方面工作缺少制度安排。也即从制度上说，没什么"温暖"可送。经济发展了，法治健全了，人情淡漠了。

前几天，一位青年教师的父亲突发脑溢血去世，他一个人回家奔丧。这几天我时不时想到这个事。千里之外的他，现在会不会有些许的悲凉？当然，我们学校老师来自全国各地，类似的事总免不了，一一上门慰问确实存在难度，但并非做不了。我印象里，即使是物质条件匮乏的80年代初也不是这样的。我初当校长的时候，同事家有丧事的，凡在本市的我一定亲往吊唁，在外市的也一定安排人去吊唁。所以，那些年，我每年到殡仪馆参加告别仪式都不少于十次。在该关心的时候关心，这就是温暖。厚养薄葬是对的，但丧葬也是一种文化，太草率也是不行的。去年我母亲去世，我们姊妹在殡仪馆的告别厅的玻璃门上张贴一纸："遵照家母生前遗愿，丧事从简，概不收礼，敬请各位亲友谅解！"单位同事更是不知道我母亲去世。有几位长辈亲戚开始不解地责怪，我说您不能让我们犯错误。但我终不知道他们是不是真正谅解了我们。我猜想，这位青年同事的悲伤一定有甚于当时的我。我母亲是患病故去，我是有思想准备的；他父亲突发疾病去世，且才50多岁，尚值壮年，他不可能有思想准备。我想现在的他尤其需要温暖，但我能做的也只是发一条安慰的信息，然后让工会按章办事。

我一直想，我们能不能让我们自己有一种"有单位"的感觉。碰到难题的时候，能有一群人一起帮我，哪怕是安慰我也好。遗憾的是，世态往往是炎凉的。譬如不久前我自己碰到一件烦心事，一时也颇有一种无助感，但从同事那里得到的安慰也不多。人心隔肚皮，你很难揣测别人是怎么想的。某种程度上看，我们并不比人以外的动物活得更好，虽然我们拥有所谓的智慧。

2008 年学校正式办学后，有同事建了一个 QQ 群"亲爱的附中开拓者"，目的是便于交流沟通，主要是有事通知方便。群里不时有好消息发布，譬如某位老师或学生获奖了，某位老师发了一篇不错的文章，某位老师喜得贵子啦，于是大家开始点赞，鲜花和大拇指一长串。我觉得挺好，喜庆，开心。不久，有人开始有意见了，说能不能不在群里发这些信息，能不能别点赞。有没有道理？有点。因为一长串鲜花和大拇指让有些通知瞬间跑到"天上"去了，查找需要爬很多层"楼梯"，会耽误事儿。但我觉得这没什么大不了的。如果通知重要就再发一遍两遍也没什么。直到有一天被一两位同事一搅和，喜得贵子的事终于再也无人发布了。我确实有一种很失落的感觉。让我不解的是，我们愿意在群里看那些牢骚话、骂人的话，却看不得来自同事的"好事"。我忽然感觉到了某些人的"无情"。没有感情的老师是可怕的。

在一所有 200 多个老师的学校里，活动往往是联系纽带。现在很难开展活动，所以会出现同事很多年也互不认识、见面如同路人的情形。这或许很规范，但不是什么好事。我不怀疑有人希望我们互不交通老死不相往来，但那样的话我们干什么还做一个"动物"，更何况还是人！我常常讲，智商重要，情商更重要，情感则尤其重要。没有情感的老师怎么能培养出懂感情的学生来？我曾经写过一篇《有一种尊重叫热情》，便是有感而发。当我们不仅不能为身边的人高兴而高兴、快乐而快乐，反而漠视、嫉妒乃至反讽时，我们就真的"病"了。一段时间以来，我越来越担心有一天我们会失去感情，变成一个冷血动物甚至就是一个"木头人"。

2018 年 9 月 20 日

┃"你好！"

"你好！""你好！"不到十分钟我可能要重复几十次。我是干什么的？似乎只有热闹店铺的迎宾小姐才会这样。其实，我是一位老师，这样的情景每天要重复多次。每当我往返在行政楼到食堂的这一段路上，迎面而来的几乎所有的学生都要喊"校长好"或者"老师好"，我无一例外地回答"你好""同学们好"，几乎是一路喊过去然后一路喊回来，常常要连续招呼几十次。每天，在校园的任何一处，只要遇到学生，我都能收到他们的问好，我也很客气地回以问好。我也有主动问好的时候，但总不及他们反应得快。粗略地估计，这样的问候，每天一定不止两三百次。每忆及这样的情景，心里感觉很温暖，分明感觉到身处这样的校园是一种幸福。我与老师们见面也每每如此，尤其是青年教师，他们总是远远地就问好。老师们对我说，课间穿梭在走廊里，问好声总是此起彼伏。我也有这样的体验，走过去一阵问好，走回来又是一阵问好。从餐厅的门口到售饭窗口，几十米远，正在吃饭的学生大多要抬头喊一声"老师好"，我只好"好，好，好"地一路招架过去。这样的情景，我在别处很少见到。我们常说学校要有特色，我以为这就是一种特色。

我非常珍惜这样的氛围，坚定地认为这就是校园文化的一种。我不仅积极倡导，还身体力行全力推动。形成这样的氛围并非易事，保持下去需要一定的文化自觉。教师要作表率，要坚持倡导，努力践行。如果非得"矜持"，至少要保持积极回应。如果老师一再置学生的问候如罔闻，渐渐地学生就怯于问候，经久，师生则形同路人。

我有两段切身经历：我小学二年级时，新来一位数学老师。一次教室外意外相遇，我喊了声"×老师"（就是打招呼，等于"×老师好"。那时，"请、你好、谢谢、对不起、再见"等文明十字用语还未提倡实行），不想数学老师应声："什么事？"什么事呢？没什么事。搞得我很不好意思。我想，他大约对没什么事还能问好有些不习惯。后来又有一次这样的对话，再往后我就躲他了。另一件事是我送孩子上学时看到的。值勤的小学生列队站在大门口，见到老师模样的进来就集体敬礼并高呼"老师好"，据我不全面地观察，穿梭其间的老师少有回应的。我当时的想法就是老师们真是金口，说一声"谢谢"或者"同学们好"怎么就那么难呢？

某些时候某些方面，孩子是我们的老师，我们不能太居高临下。38岁成为微软全球副总裁的张亚勤，12岁考入中国科技大学少年班，他有一双儿女。他认为，在很多方面，孩子也会是父母的老师，比如环保意识。去餐厅吃饭，女儿总是负起监督者的责任，不允许点太多菜，尽量不用一次性用品。张亚勤很感慨："这是他们从小培养起来的观念，久而久之就变成一种良好的习惯。而我们这一代人现在才开始学，逐渐在改变固有的习惯。"言行不一致的往往是大人，孩子反而很顶真。如果老师不持之以恒地发挥表率作用，孩子也会不自觉地丢掉很多已经养成的好习惯。

蹲下来或者俯下身子与孩子对话是教师的一种姿态，丝毫不损害教师的权威。德国教育家第斯多惠说："教学艺术的本质不在于传授，而在于激励、唤醒和鼓舞。"盛气凌人居高临下必定不利于"激励、唤醒和鼓舞"。让学生觉得"可亲"，"亲其师，信其道"，教育必将事半功倍。用挑剔的眼光看待学生还是用欣赏的眼光看待学生，事关教育方法和教育艺术，把握好分寸很重要。每当我走在傍晚的校园里，看到到处都是读书的学生，我很为他们的刻苦而激动。我由衷地觉得他们比中学时代的我要用功得多，能够做他们的老师其实很幸福。

如果说每一个学生的每时每刻都是"可爱的"，这多半是没有站过讲台、没有当过老师的人才会说出的话。所谓站着说话不腰疼。我现在与初入职场的青年教师对学生的感受之所以有别，除了我已为人父以及具有近30年教育生涯积累的经验外，我没有带课、不负责某个学生的具体事务也是原因之一。俗话说，只要不谈学习，都是"好孩子"。应试教育是造成师生关系紧张的主要原因。有研究表明，不良的亲子关系有90%源自孩子学习，何况师生关系呢？可见，处理好师生关系并非易事。在某些环节上，师生之间存在一定的冲突是不可避免的，教师要因势利导。一个老师，如果一辈子都处理不好师生关系，那将是一件非常痛苦的事。好的教师不可能是我行我素的"独行侠"，"改变自己"是唯一的出路。

老师是教育者，学生是受教育者，这样的角色定位不要错位。教师要"爱"学生，但要摒弃一切利诱、欺骗和"贿赂"的庸俗的教育行为，要尊重教育的"科学性"，要遵循真理面前人人平等的朴素而伟大的原则。师生见面互致一句"你好"，骨子里的精神就是平等。

先生，你好！你好，孩子！

2011 年 10 月 14 日

仪式感
与幸福感

圣－埃克苏佩里的《小王子》中有这样一段：

小王子在驯养狐狸后的第二天又去看望它。

"你每天最好在相同的时间来，"狐狸说，"比如说，你下午四点钟来，那么从三点钟起，我就开始感到幸福。时间越临近，我就越感到幸福。到了四点钟的时候，我就会坐立不安；我就会发现幸福的代价。但是，如果你随便什么时候来，我就不知道在什么时候该准备好我的心情……应当有一定的仪式。"

"仪式是什么？"小王子问道。

"这也是经常被遗忘的事情。"狐狸说，"它就是使某一天与其他日子不同，使某一时刻与其他时刻不同。"

读到这一段后我才第一次理性地思考仪式感与幸福感的关系。事实上，在阅读《小王子》之前的 2011 年万圣节，我写过一篇博文《万圣节为何要吃糖》，其最后两段是：

小孩儿盼过年，大人盼插田。过年就快乐，插田才有饭吃，孩子大人各有用心。只要是节日，孩子们总是高兴的，管他是中国的还是外国的，谁管他有什么来龙去脉？

年节风俗虽有差异，但全世界的人都要想着法儿过年过节，公元前即如此，尽管不知道本民族以外还有其他人存在。人活一辈子，说长不长，但说短也不短。在这不短的岁月里，就那么平淡无奇地活着确实很累。隔几天礼拜一下，隔几十天过个节。并非我偷懒，实在要做礼拜过大节，乐得心安理得。这正是人的聪明处。凡过节多与"鬼神"相干，非祭鬼即敬神，由此可见人活着之不易。凡过节亦必定与"吃"有瓜葛，吃饭大似天，可见"吃"的问题一直不是个轻松的问题。即便平时勒紧裤腰带，也要积攒一些食物供过节时敞开了吃，图个心情放松。只有在我们不饿肚子时，糖果才能成为象征性的礼物，否则，我们宁可要大饼，能饱肚子。

节日，无论是人节还是鬼节，实在是我们的心理医生。

2017年2月3日，《人民日报》（人民论坛）发表《唤醒传统节日的仪式感》一文，文章说："如果没有节俗带来的仪式感，春节这样的传统节日便会与普通的假期无异。仪式感犹如生活的调味剂、文化的倍增器，它让平庸的生命懂得庄重，让潦草的生活焕发温馨。仪式感是元宵佳节的灯火辉煌，是清明祭祖的慎终追远，是中秋月圆的千里乡思，是重阳登高的健康企盼。因为阖家团圆、守岁祈福、拜年贺岁等仪式感的存在，春节成为我们复苏文化记忆、确认精神归属的重要时刻。我们重视过年，正是为了温热内心的仪式感，触发文化意义上的深层感念。"

"让平庸的生命懂得庄重，让潦草的生活焕发温馨。"这便是仪式以及仪式感带给我们的改变。为什么绝大多数底层草根不乏幸福感，一个重要原因是他们心中有很强烈的仪式感。

我时常反思自己为什么少有生存焦虑感，得出的结论是，在我成长的关键期，在那个物质匮乏的年代，祖母和父亲、母亲没有让我在精神之源生成匮乏感。没有精神深层的匮乏感，使我哪怕在口袋里只有一元钱的时候也能获得快乐和幸福。有研究表明，父母的匮乏感会导致子女缺乏幸福感。精神上抹不去的匮乏感会让亿万富翁沦为守财奴。现在想来，父亲罹患食道癌英年早逝，一个重要的致病原因是生活的压力。一家八口人的生活重压，他是不可能快乐起来的。也就是说，他心中每时每刻都有匮乏感，只是没有将这种匮乏感传导给我们。

我更要感谢祖母和母亲。我的青少年时代，没有一餐饭吃得"潦草"。几乎每餐饭都是七八个菜，虽然几乎全是蔬菜，全是母亲种的；每餐饭都是全家人围坐在饭桌旁，到齐了举箸就餐；每餐饭都要剩下饭菜，剩下的饭菜下一餐都是祖母和母亲悄悄给吃了。我记忆中，家里从来没有"光盘"过。母亲一辈子起早歇晚。她总是早起，开灯梳妆，全村第一个到井里挑水，挑满大大的一水缸天才亮，一贯如此，直到通了自来水。她弱小的身躯居然能挑起150斤重担走15公里，回来时总要兴高采烈地给我们买包子油条。父亲去世后，家里已是非常困难，但母亲从来没有表露出匮乏感。每一个年节都过得很庄重，做新衣，穿新鞋，打灯笼，除夕夜门灯以及每间房都要通宵开灯……母亲从来不把"没钱"挂在嘴上，所以我就养成了"大方"的习惯。今天想来，那时候，我一年里很多时候都充满着仪式感，在一个仪式到来时，内心便充溢着幸福。"时间越临近，我就越感到幸福。"

今天是新学期开学上课的第一天，我们照例要举行开学典礼。本来是无数寻常日子中的平凡一天，但因为举行了开学典礼，一个"使某一天与其他日子不同，使某一时刻与其他时刻不同"的仪式，这天便有了非同寻常的意义。学校应有很多这样的仪式，从毕业典礼、开学典礼、升旗仪式、文化月以及一个个社团活动到一堂课的上课、下课，都要努力地使其具有仪式感，一种"温热内心的仪式感"，让学生"准备好心情"，获得更多体验和教益，从而更快乐更幸福，并且要使仪式成为"复苏文化记忆、确认精神归属的重要时刻"。

2017 年 2 月 7 日

君子有
终身之忧

孟子曰："是故君子有终身之忧，无一朝之患也。"意谓君子仁义，有让他终身无法忘记的忧心之事，却没有短暂的忧心之事。"终身之忧"实乃难以忘却的重大的责任。君子忧虑的是一生所追求的大事，不会为眼前的鸡毛蒜皮的小事而牵肠挂肚。换言之，君子平时看上去或许是优哉游哉的，但实际上内心有着深沉的忧虑。一辈子无忧无虑的嘻哈君子是很少有的。人无远虑，必有近忧。人如果没有长远的谋划，就会有即将到来的忧患。进一步推论，人之所以有今日之忧，是因为以前缺乏长远考虑。还可理解为，倘若一直没有长远的考虑，那忧患一定近在眼前。这个道理是可以拿数不胜数的例子来实证的。

今天晚自习，我去巡堂，走过高二某班教室，一位许姓同学从后面快步追上来说："校长，能不能耽误几分钟时间请教个事？"我说："当然可以。"近期以来，许同学几乎每周都要找我聊一两次。食堂，教室，路上，碰到面就会有问题要"请教"。我自然是乐于奉陪。他的表述通常不是非常清晰的，但大概意思我是清楚的。这大约是他自己也没有想太清楚之故。昨晚他问的大概是："校长您说'做幸福的平凡人'，这目标是不是有点低？身边有不少人混日子，不思进取。我自己也觉得缺乏动力。年纪轻轻的好像没什么朝气。"表情看上去很有城府。我问他，这样你觉得幸福吗？他说"说不清"。我说，"说不清"就说明你没有勇气说自己是幸福的。可见，"做幸福的平凡人"不是什么都不追求，不是躺在那里不干事就幸福。如果你没有理想，不为理想而奋斗，你是不可能幸福的。幸福不仅是一种感觉，也是一种能力。需要用一辈子来修炼，因为生存的境遇是不断变化的。"做幸福的平凡人"是强调"幸福感"的重要。"幸福感"就是"满意感"。不满意则哪里来的幸福呢？"平凡人"就是指你我等众生。"不平凡"是个相对概念，而"伟人"是绝对少数。一个人，在孩子时代就立志成为"伟人"，一所中学，鼓励成千上万的学生为成为"伟人"而学习，不仅免不了失望，而且会失去"现实快乐"。每天都不开心，自然做不成"幸福的平凡人"，离成为"伟人"可能更远。如果你自己很幸福，又能给一大群人带来幸福，你离"伟人"就不远了。他又说："感觉没什么目标。"我问他："你到附中，所为何来？你已经高二了，还有一年就该参加高考了。你的目标再清晰不过了，就是努力考上理想的大学。一年后你无悔就会感到幸福，20年后你无悔就会更加感到幸福。"

我又说，幸福与财富的多少以及闲暇的有无关系不大。譬如我，今天是星期天，我不值班，但我上午来巡堂一次，晚上又来一次，而且走过每一间亮着灯的房子。昨天是周六，我也是这样。看到你们我就放心安心。等会儿我回到家，想起来我已经到学校看过你们了，我就觉得幸福。双休日，我可以不到学校来，但不来我不开心。我不管别人来不来，也不会要求别人来，我只管我自己。他问"为什么要这样"，我说这就是"责任感"。该尽责的时候没尽责是不会有幸福感的。如果我能用自己百倍的努力带给你们幸福，给我的同事和家人带来幸福，那我一定更加幸福。而且，我只想做个无名的平凡人，这样我的幸福会增值的。这就是我说的"做幸福的平凡人"。他似乎若有所悟。我鼓励了他几句，也肯定了他思考的价值，最后告诉他"好好想想今天要做的事，别躺到床上后再自责后悔"。于是我们告别。

"做幸福的平凡人"绝非教唆学生抛弃理想、放弃奋斗、甘于平庸，实际上是一种缓解生存紧张之术。"做幸福的平凡人"这句话的重点是"幸福"，至于"平凡"，这是不求自来的，而要过得幸福并非易事。我将这句话送给学生，实则告诉他们，对未来要有合理的期望值，不要太过强求，要快乐地追逐理想。

　　领袖基本不是学校培养出来的。因此，一所学校如果将培养领袖作为自己的办学目标，那一定是个大忽悠。一所学校如果将"驭人术"作为首要课程，这所学校基本就是"教唆犯"。真正的领袖是用崇高的品德养成的，是被一群人自然拥戴的。有一官半职，那不叫领袖，那叫领导。所以，我想告诉许同学，要么咱们就做个幸福的君子，这样不易犯糊涂，因为孟夫子说过："君子有终身之忧。"不是整日乐呵呵无所事事就叫"幸福的君子"。若想无远虑，现在一定要尽责。但愿他懂得！

2017 年 3 月 26 日

努力让孩子
免于恐惧

　　昨天（周日）是高三省质检的第二天。上午考试结束后，有一个考场的监考老师清点试卷时发现少了一份试卷。考生都还在教学楼下等着。一阵忙乱后，终于找到了这位蓝同学。我站在那里，她以为是我找她，就直奔我而来。我问她试卷交了没有，她说放在桌上，我说怎么找不到了呢。走过来的同事着急地说，赶快到考场看看。她转身跟着同事走了。就在她转身的那一刻，我分明看到了她无助而恐惧的眼神。我想赶过去安慰她一句，但人多，她又跑得快，最终没赶过去。过了一会儿，也许她还未赶到考场，另一位同事说，试卷找到了。原来是监考老师不慎将试卷夹到答题卡那里了，虚惊一场。我回到了主考室，蓝同学大约很快离开了教学楼。

　　但中午到下午，蓝同学恐惧的眼神老是浮现在我的脑海里。越想越觉得应该找她聊聊，不说道歉，至少要安慰她一下。晚自习前，我在之前的成绩统计册中找到了她的班级，又仔细看了她几次的考试成绩。七点一刻，我巡堂到他们班，让站在走廊的同学将她喊出来。她平静地走过来。我问她，上午的事有没有影响你下午的考试，她说，还好，没有。我说，是监考老师粗心，应该向你道歉。不过老师也是太紧张了，这场考试的要求非常高，也请你理解。她说没关系。我又和她聊了一会儿学习的事，又鼓励了她几句。临别时，她连说了几次谢谢校长。下楼的时候，我在心情轻松之余心中居然升起一种幸福感。

努力让孩子免于恐惧，是我一向的观点。这个观点是从我自己的生活经验中生长出来的，没有受到任何人的启发。当然，今天我知道，这是一个重要的教育理念，为很多人熟知并践行。"全美最佳教师"雷夫在其著作《第56号教室的奇迹》中说，第56号教室之所以特别，不是因为它拥有什么，而是因为它缺少了这样东西——害怕。他认为，我们应该采取积极的态度与耐心来面对问题，打造出立即、持久、而且凌驾于恐惧之上的信任。由此可知，第56号教室之所以有"奇迹"发生，一个重要原因是，这里有"凌驾于恐惧之上的信任"。在这间教室里，任何时候，学生都不会害怕。

我至今还记得我是带着对学校的恐惧去上学的。我的一位学长，在我即将进入小学的时候，告诉我即将见到的校长是"牙齿里都长毛的恶魔"。那时我六岁，信以为真。开学前，这位黄校长和另一位詹老师到我家家访顺便找我父亲办事。我父亲喊我问老师好，我躲在房间里死也不肯出来。好歹出来问了一声"好"，头也不敢抬，又立即跑回房间。后来透过门缝反复观察，没有看到校长牙齿里长毛，但表面看上去校长确实很严肃，令我恐惧。过后，学长得知詹老师也来了，变了脸色对我说，詹老师牙齿里的毛比校长的还要长。可惜我忘了看。原来这位学长是因为自己非常调皮，挨过校长的罚，然后在回家的路上给校长葬了个坟，并与其他几位同学在那里故作号啕大哭状，恰被校长发现，他们四散而去，校长追到他，将他的书包撕掉了，于是他就给我编了个校长牙齿里面长毛的故事。虽然不久我就知道这故事是假的，但让我在刚进校门的时候便养成了在老师面前好紧张的毛病，这在很大程度上影响了我的读书效率。有一个例子很能说明我在校长面前的紧张情状。那是在我小学三年级的一次全校性活动中，校长让我做司仪，活动流程已经用红纸写好贴在礼堂边的墙上，校长亲自用毛笔写的。结果我紧张到一口气将写好的流程读到快结束，在校长的制止下我才停下来，闹了一个很大的笑话。四年级以后，我多次参加了文艺演出、赛诗会、故事会，紧张的毛病才稍有改变。但直到今天，我仍然觉得，最初对学校和老师的恐惧影响了我的学习效率。这种影响有可能是终身的。

因为自己有这段经历，我做老师和父亲便有一个信条：不做让孩子"害怕"的人！我教书33年，很少有学生"怕"我的。如果"怕"，大约还是对我不太了解。我儿子今年26岁，我不仅没打过他，甚至从未批评过他。我对体罚幼儿的保姆、老师、家长深恶痛绝。有些面相冷峻、学生见之两股战栗的所谓严师，我深以为不适合做教师，至少不适合做低段学生的老师。生活在恐惧中，不仅学习效率不高，还易生心理和生理疾病。所以，学校和老师应努力让孩子免于恐惧。

学校不可能没有一套"严格"的制度。但严格不等于严苛，总归要符合人道。但是，人很难不犯错误，故难免有被处罚的时候。我觉得，对于学龄前的幼儿来说，任何"错误"都应当免罚。对于有一定理解能力和行为能力的中小学生来说，该批评还是要批评，但不能营造"恐怖"气氛，让学生整日生活在恐惧中。毕竟天不怕地不怕、顽劣异常的学生是极少数。譬如我们禁止学生在校使用智能手机，就应将工作重点放在前面的教育说理，让他自觉遵守制度，不把智能手机带到学校，而不能将重点放在突击检查上。也就是我们常说的"提醒到位""提醒及时""反复提醒"。对遵守制度的人来说，合理的制度不会带来恐惧感。我举例给同学们说，无照驾驶，你不可能不心存恐惧；遵守交规，你怎么都是"大爷"。

当然，怎样才能让教育说理起作用，这就考验教师的智慧。教师水平之高低也主要体现在这点上。"努力让孩子免于恐惧"，关键在教师，要靠教师去落实。校长之严慈无关宏旨。校长的理念与教师的实际行动之间相差不止十万八千里。没有教师的践行，校长的文章写得再好也没用。毫无疑问，卢梭的自然主义教育观是人道的理想的教育观，但对老师的要求非常高。所以，做个严师不难，难的是做一个学生喜欢而又称职的教师。

现实是，教育让孩子痛苦，学校成了孩子们害怕的地方，老师在孩子心目中的形象变得狰狞，课堂带给孩子们噩梦……孩子本来就应该有"免于恐惧的自由"，只是我们总以教育的名义甚至以"爱"的名义予以剥夺。我们总认为自己有责任把孩子"教育成人"，就像孩子还不是"人"似的。令人遗憾的是，在强调教师对学生的惩戒权的时候，居然还有很多老师持"打是亲骂是爱"的观念，为体罚学生唱赞歌。

教育需要爱，没有爱就没有教育。而"爱"是什么？我以为首要的是"忍耐"，是恒久的忍耐和超乎寻常的耐心。好老师不见得都有耐心，但最优秀的教师几乎都是极具耐心的。教育的方法和途径是多样的。我不认为"棍棒教育"全是基于仇恨，相反，绝大多数情况下仍是出于"爱"；不能说"棍棒教育"全是失败的教育，但确实是不高明的教育。所以，我坚持认为，让学生产生恐惧感的教育是不人道不高明的教育。

2017 年 4 月 10 日

为了让百分百的
学生都"绅士"

开学前我收到高三 2 班黄晓雯同学给我写的一封信，其中一段是这样写的："现在食堂也装了空调，在开心享受的同时，我和一些同学也有了担忧，'我们真的要变成温室里的花朵了'。但后来一想，却也解决了不少问题。过去我常因食堂太热不想吃饭，运动完进了热气腾腾的食堂没有食欲。说起来怪不好意思的，但好多人跟我一样。所以，我相信学校通过某一决策时都是深思熟虑过的。最近我注意到了食堂一个很不温暖的现象：以前大家放餐盘时都会跟阿姨微笑，说'谢谢'，现在只看到阿姨的手，心里总感觉空落落的。如果把白隔板换成透明玻璃就比较好了。现在阿姨收餐盘跟流水线上的工人有什么区别呢？类似机械化的工作总让人压抑不少。"

这段话说了两层意思。

在管委会领导的关心下，我们今年斥资 200 万给食堂二楼至四楼三个餐厅全部安装了空调，用餐环境大为改善。食堂本是按照安装中央空调设计建造的，结果房子是按设计建的，但空调项目给砍了。整个食堂朝阳一面全是玻璃幕墙，太阳直射，仅有的几扇窗户只能打开一点点缝隙。另一面墙没有窗户，后面是挡土墙。在我的强烈要求下，交付使用前开了几扇窗户。但因为朝阳一面窗户太少，食堂里面空气不对流，电风扇吹的也是热风，天气炎热的时候吃饭确实是件受罪的事。曾有教工代表建议设立教师餐厅，我也一时心动，先改善一下教师的用餐环境吧。但仔细一想还是觉得不妥，无论在哪一面封闭，都会使空气更加不对流。再加上教师用餐时间相对分散，餐厅使用率会降低。更重要的是，师生在一起用餐有许多优势。之所以学生对食堂还比较满意，之所以附中的师生关系那么好，与我们一起用餐不无关系。我给代表们做了解释，大家也很理解。所以直到今天，师生是在一起排队用餐的。奇怪的是，自前年开始，我突然觉得夏天餐厅越来越热，今年尤甚。自从有了空调，大家便可以从容就餐。其实空调开放的时间并不长。早晨不开，中餐、晚餐加在一起也就三个小时，能耗并不会特别大。但解决了大多数人吃饭不舒服的问题。晓雯们虽有一丝的顾虑，但到底是乐见其成的。

晓雯反映的另一个问题我也是在第一时间就觉察到的，但没有往深里想。放假前，分管领导、总务处和食堂找我，说要在食堂建一个封闭的收碗间，采用传送带收碗，理由是改善用餐环境，费用由厦大餐饮中心出。我有些犹豫。原因有两点，一是原有的收碗车占地很小，建收碗间必然要增加占地面积。食堂已渐成拥挤之势，还是先满足就餐需要再说。二是传送带的收碗效率并不会提高多少，而卫生清洁的工作量反而会更大。大家觉得也有道理，于是就作罢。8月初我到食堂一看，传送带是没建，但收碗间还是建起来了，只是比原计划的面积小一些而已。我也没有顶真，因为我觉得也许是我当时没说清楚，建就建了吧。建好以后我就感觉别扭，因为我自己之前送餐具的时候总是要点头致谢，而且每一餐我都会看到有学生给阿姨鞠躬的。我觉得这是一种很好的教育，也是最美的画面。我们并没有专门强调，但一届一届的孩子们都是很自觉地微笑、点头、鞠躬，我为此很是自豪。现在只能看到两只手，怎么致谢鞠躬呢？别扭、矛盾、犹豫、遗憾的情绪在脑海里翻腾了几天，但到底没有深究。直到接到晓雯的信后我才下决心让食堂将部分磨砂玻璃改为透明玻璃。让人可以看到人。

前天上午，厦大餐饮中心的负责人来访。他们给我解释这样做的"专业"必要性。一是减少碗筷碰撞的噪音，二是减少某些人视觉上的不愉快感。我说这个我能理解，但换两块透明玻璃没有降低"专业性"，而更重要的是，我们尊重了教育的本质，保留住了可贵的文化。他们尊重了我的意见，昨天就更换了玻璃。昨晚到今天，微笑、点头、鞠躬的情形又回来了。人的幸福感很大程度上来自于良好的人际关系，而不幸福也基本源自不良的人际关系。"人缘"要靠自己修。于此，学校教育不能缺位。优秀的人对谁都尊敬。让尊敬他人成为一种习惯是需要熏陶和教育的。学生既然如此主动，老师还有打退堂鼓的理由吗？

仓廪实而知礼节。濒临绝境还能保持君子风度的人是少之又少的。对于大多数人来说，只要有较为充足的资源和必要的秩序、规则，大家都愿意做个君子，保持绅士风度。我觉得学校要在资源、秩序、规则上下功夫。我不能保证你到食堂就能拿到饭吃，但一定保证你等到任何时候都不会没饭吃，而且还会有更好的饭吃。这是保证秩序的基础。

几年前，李彬峰同学给学校提了一个在食堂设立"一米线"的建议，学校不仅立即实施，而且还给他颁了一个"金点子"奖。这个点子就是解决秩序的。因合理用工、提高效率的需要，免费汤只有一个窗口，很多学生买好饭菜后要绕过长长的队伍再回到另一侧的窗口取免费汤。不仅耽误时间，而且人为造成秩序混乱，同时存在更多的安全隐患。有了"一米线"，在规则的引导下，人人都方便，也便有了秩序，于是便从容不迫风度翩翩。我们要让学生绅士，就得不断优化秩序。后来我们在另一侧又增加了一个免费汤窗口。

因为敏行楼、洁行楼和艺术馆先后兴建，东门封闭了好几年，有些同学甚至不知道学校还有个东门。楼建好后，东门重新开放，大量学生和家长不自觉地选择食堂前面的侧门进入食堂。这个门本是供食堂员工工作用的，不大，门外的通道很窄，而且水泥雨棚很低，容易碰到头。但趋近避远是人之本性。一到就餐时间，人流势不可挡。不仅存在安全问题，而且踩坏了草坪。讲道理是没用的。在这个关口，百分之九十的人都做不了君子。为了让百分百的人都绅士，我们在这个"旁门"前面建了台阶。隐患排除了，小草绿起来了，大家也都绅士起来了。

一个不尽如人意的收碗间就有可能使人不那么绅士。久而久之，漠视别人的服务就有可能成为习惯。这是学校教育不能不提防的。

2017 年 9 月 16 日

真的不希望
看到这样的场景

4月16日午饭后，我从校内乐水路回办公室。路过东门，看到附中路嘉庚学院一侧人行道上有两位家长陪一个孩子在吃饭，桌子板凳一应俱全。我问保安是怎么回事，他说，这孩子天天在这里吃饭。我走出去一看是我非常熟悉的容同学，陪他吃饭的是他的爷爷奶奶。桌上有五六个菜，还有汤，非常丰盛。一问才知道，为了照顾他，爷爷奶奶在学校对面租住，做好饭菜送过来。学校有规定，没有特殊情况，平时不允许家长随便出入学校。周日开放校园，平时有事进校园需要经由老师同意。于是他们只好自带桌椅在门口摆起来，吃好再收回去。我说，既然家就在对面，为什么不走几步回家吃饭呢？爷爷奶奶说来回跑耽误时间。我无言以对。我对容同学说，如果必要，也可以申请回家住，他说他还是愿意在学校住，更有利于学习。我又说，如果你有特殊情况也可以申请家长送餐。坐这么低吃饭对身体不好。他说：好，谢谢。然后我就离开了。

回办公室的路上我在想，这肯定不是第一位，而且不是第一次，我怎么之前没有一点印象呢？可能是我在那个时间段很少从那里走过，走过也没有仔细朝门外看。除非有事，否则我午餐都是在11点半前到食堂吃饭，饭后从图书馆或西门方向回办公室。而学生11点35分才放学。他如果要到门口吃饭，一般要到 11 点 45 分之后。总之，之前我脑海里没有刻印上这一幕，否则我不会无动于衷的。

那天晚饭后，我故意走到东门看看，没想到中午的一幕再现。我走过去问，晚饭也要送？容同学答"是"。早饭呢？容同学答"也是"。这大大出乎我的料想。也许是我不太在乎吃，所以我觉得学校食堂的饭菜完全能够满足我的需要。特别是早餐，我甚至想象不出在家里我们还能做出什么新花样儿来。我说，如果是这样，你一定要申请家长送餐，这样天天在外面吃饭不行。他再次答应了。回到办公室，我给他的班主任发了一条短信："容同学每日三餐都在东门外吃饭，由其爷爷奶奶送饭。有没有什么具体原因？如果确要特殊照顾，也可以申请送进来在食堂吃。三餐都坐在门外不是个办法。凳子很低，坐在那里用餐不利于健康。"班主任回复："他胃不好，有一段时间胃痛，他爸是医生，说要加强营养，所以就送餐了。现在好很多了。如果能让他爷爷奶奶进食堂当然好，老人家每天早早就等在门口，挺辛苦的。谢谢校长关心。"我回："让他写个申请给德育处。"班主任："好的。谢谢您！"随后我将这几条短信截图用 QQ 发给德育处李主任，并嘱咐："解决一下。在门口很难看！"李主任回复："好的。可办家长探访证。"

这个问题就这样解决了。自此，容同学的爷爷奶奶餐餐送饭到食堂。

我为什么给李主任强调"在门口很难看"？是因为我一向觉得学校不应该出现类似情形，附中尤应如此。在看到不少的"高考工厂"视这幕情景司空见惯后，我更坚定了这个想法：要让学生和家长都成为坦坦荡荡的君子！既不逼他撒谎，也不使其成为"地下工作者"到处"躲猫猫"。学校和家长应在相互谅解的前提下达成某种恰到好处的"共识"。我以为，厦大附中应该有能力解决这个问题。

作为校方，作为老师，尤其是作为学校管理者，一定要将工作做细。我认为这方面工作的方式方法有三重境界，我们要追求最高的工作境界。第一重境界就是最高境界，也即我们将要教育服务做到极致，让他送（餐）无可送，看（孩子）无可看。第二重境界，我们暂时能力不逮，尚不能让每一个人真心满意，那我们也要做好工作，教会学生在相互迁就中主动适应。毕竟是集体生活，个人的生活习惯很难得到完全尊重。各人想法不一，众口难调，彼此要多一点宽容。也就是说，让学生和家长让步。第三重境界，对个别确实需要照顾的，班主任既要妥善做好面上工作，又要切实帮助解决困难。要大度地给需要照顾的人以必要的照顾。也就是学校要让点步，不能太教条。诚然，每一位学生家长都这样送饭确实不行。它的影响是多方面的，不单是秩序问题。其道理不言自明。当然，不可能每一位学生家长都这样，也完全没有必要这样。所以，我们没有必要硬邦邦地一刀切。这方面，我们已经形成了行之有效的机制，会不断完善并长期坚持下去的。管理者一般都钟情于"一刀切"，因为管理方便、省事。但其实不一定能达到很好的管理目的。在附中，我们要努力地协调好各种关系，有效化解各种矛盾，不懈地追求最高境界。这不完全是一纸制度就能很好解决的问题，要有一点艺术性。

据我观察，不少家长来送餐，主要是想看看孩子，送餐本身的重要性倒在其次。高中部学生一个月左右才能回一次家，这中间家长抽空来看看孩子，我们不仅要理解而且应该欢迎。另一方面，家长要主动配合学校，无特殊情况应在规定的时间到校探访。有相当多的学生对家长频繁到访是反感的，我们家长要尊重孩子的感受，要克制一下自己的爱心，也要考虑到自己的"方便"是否给别人带来不方便。有一种爱叫尊重，既尊重自己的孩子，也尊重别人家的孩子。

在各级领导的关心指导下，今年高考附中第一次设立考点，全部435位毕业生都在本校参加高考。对于这些孩子来说，既不需要熟悉考场（当然会按规定安排他们熟悉考场），也不需要家长送考，更不需要家长送餐。学校已在严格遵守高考考务制度的前提下做好了周密安排，家长尽可放心。高考期间，校园不对家长开放，非考生及考务工作人员一律不得进校，要请各位家长配合。请相信，我们给予孩子们的不仅有老师的期待和呵护，也有家长的亲情！也请各位家长相信我们的孩子！

最后重申：真的不希望高考期间看到您的孩子在附中门口用餐！那样的话我会无比自责！各位家长，今年高考时间是工作日，您就安心工作，孩子高考的事就交给我们！欢迎您 6 月 9 日（周六）上午到附中一起见证孩子的毕业典礼！

2018 年 5 月 12 日

中秋望月
及诗意体验

中秋节傍晚，我在微信朋友圈里发了条信息：

华灯未上，月上楼头。暗处传来：校长好！校长夫人老师好！

校长：你们干吗呢？

学生：赏月！

校长回头一看：好大的月亮！真有诗意！给你们拍张照片。（月在两栋高楼中间）

男生拍腿，女生害羞抱头。

校长夫人：拍张照片多好啊！这就是校长说的诗意的校园生活。

校长：我们一起赏月。

校长坐到女孩一边，男孩自发上前坐在校长边上。

学生：校长口音很亲切。

校长：老家哪里？

学生：芜湖。

校长：我桐城，老乡。

各自分享几段故事。

校长：住校习惯吗？

学生：习惯。有点想家。

校长：所以要赏月。你们爸妈也在看呢！千里共婵娟嘛！

师生告别。

校长后悔：上什么晚自习！还不如开个赏月大会！明年……

下面是几张我和太太拍的照片，皆有情有趣，引来圈里朋友一片点赞。这个朋友圈是边走边发的。

今年中秋节离国庆节只有一周时间，结合我校实际，报经上级批准，我们将中秋假期调至与国庆节一块儿放。中秋节我们正常上班、上课。这不是第一次。

那天，也就是前天傍晚，我和太太照例在食堂用餐后到操场散步。太太给父母打电话问候，我一边听她讲话一边倒着走路。几乎每天如此。天色渐暗，操场上的灯还未亮，活动的学生已经不多。因为倒着走，我走过了那段看台并未发现学生，在他们问好后才转头发现那里坐着四位同学。看台下面两位女生，上面两位男生。于是就有了上面的故事。我们告别后，他们随后远远地跟着我们，然后离开操场到教室上晚自习去了。

聊天的时候他们说从来没见过这么大的月亮。这海边的月亮确实很大。我给他们分享了一段我和"大月"邂逅的故事。其实，很多时候我们是没有赏月的闲情逸致的。有时你会突然觉得有很长一段时间没有端详月亮了。我年少时，夏天总是露天乘凉，有月的日子里，躺在凉床上看月亮、数星星，听大人讲关于星星和月亮的故事。大人编的最大的谎言是，在看到流星的那一刻拽一拽裤腰带，第二天肯定能拾到东西。于是我们小孩子很快在凝视星空中睡去。在筹建附中的最初岁月里，在很长一段时间里我心中无月。

和他们坐在一起的那一刻，我感到欣慰而幸福：还有学生坐在那里静静地赏月。我当时就有一个想法，我们为什么不搞一个赏月大会呢？这个念头从未有过，因为中秋节多半还是放假的。这不是问题的关键，关键是组织一次活动费神费力费钱。回家看到中央电视台的中秋晚会，我想，哪怕组织学生一起看或者分班看这台晚会，他们也能获得一种特殊的享受。那种仪式感就是一种生活的诗意。如果我们自己能组织一台晚会，那就更有诗意了。

毫无疑问，诗意生活还是生活，而生活一定离不开基本的物质基础。只有想不到，没有做不到，这话是有前提的。很多时候并非没想到，确实就是暂时不具备条件。开学初我在签批假期报销单据时发现，仅6月份单月水电费就达24万。我估计9月份也少不了。"钱"有时就是生产"诗"的前提。学生甚至包括一些家长在给我们提建议的时候未必想那么多。

我儿时虽然生活条件不好，但因为母亲会持家，所以并未过什么苦日子，而且少有匮乏感，所以我不是个特节俭的人。我愿意尽己所能地为学生提供尽可能好的教育环境，这也是我愿意从零开始重建一所学校的主要原因。我相信优质的教育条件对人成长的重要性，所以我们提出"培育一流的教育服务品质，用合适的教育办学生喜欢的学校"的办学指南。但我同时也认为服务不是迎合，要尊重教育规律和学生成长的规律。因此，不是学生提什么我们都照办。学生提什么是他的权利，学校怎么做是学校的权利，但学校要承担起引导的责任。办学不可能不计成本，必然要受到很多限制。所以，很多大胆的想象并不能付诸实施。同时，诗意地栖居不能建立在对物质享受的无止境的追求上面，更要体现在精神享受和心灵满足上。从可望而不可即的月亮上也能获取丰富的享受时，我们才能谈得上精神生活，才能谈得上诗意栖居。

让学校稍稍有一点诗意可以吗？我觉得是可以的。我还有很多大胆的设想和宏大的计划有待慢慢付诸实施。我相信未来的厦大附中的校园生活会更加充满诗意，会让我们也即学生和老师更美好。而更大的问题是要培养学生对诗意的感悟力。诗意是一种感受，会因人因时因地而异，每个人有每个人的喜乐和忧伤。造化弄人，人的生存环境和人生际遇有很大差异。一辈子顺风顺水的人虽少但确实存在，一辈子磕磕碰碰倒霉透顶的人也少但确实也存在。在厦大附中这样一个并不太大的单位里，每个老师的"运气"也是非常不一样的，学生的情况更是千差万别。要让每一位师生都感受到校园的诗意并不容易。

较之于诗意生活、诗意人生的提法，我更愿意强调诗意体验。一个不容回避的事实是，学校或者校长给不了师生诗意生活，更给不了他们诗意人生，但一定能够通过努力帮助大家获得诗意体验。成功的诗意体验能够促进、推动大家主动寻找诗意生活，最终可能成就诗意人生。如果说让学校稍稍有一点诗意你觉得有些犹豫的话，那么，让师生不时获得一些诗意体验，我们应当理直气壮地回答"没问题"。我说人性美是创造幸福人生的动力就是这个道理。我相信，我和那几位同学坐在一起"举头望明月"的那一刻，我们都体验到了生活的诗意。至少在那一刻，我们都会觉得生活是美好的。我甚至觉得，直到现在乃至一直到未来，我们回想起来仍然会有美的感觉。

昨晚 10 点，我收到一位同事的留言。他说并没有什么事，就是心里烦躁，想找我聊聊。他们夫妇上有四个老人下有两个孩子，自己最近身体也出了点小状况，觉得压力很大。他说："依靠我的人很多，而我能依靠的几乎没有。""我真的把您当作自己的依靠了。"我由衷地理解他，也非常愿意帮助他，但我知道我能帮他的不过是"理解"他。我坦诚地和他聊了一会儿。我无法确认那一刻我能否带给他一点轻松感，但我一夜都在朦朦胧胧地想他的事。前天下午，那位刚失去父亲的青年教师到我办公室，我们也聊了一会儿。我能体会到他的悲伤。我告诉他说，你父亲 53 岁英年早逝，我父亲去世时才 50 岁；你已经研究生毕业工作几年了，我父亲去世时我上大二，弟弟上高中，大妹上初中，小妹上小学。我又说，不要将生活想象得那么艰难，为今之计，尽快找个朋友，成家，孝敬好妈妈。傍晚，在食堂外面我见到了他们母子，安慰他们母子的同时我也狠狠夸了这位老师。我由衷地希望他们尽快走出悲伤。我深知，每个人都有其不为人知的艰难。

前几天的一个晚上，一位今年刚毕业、考到外省一所重点大学的附中学生给我留言："我初三的时候因为甲癌，做过一次甲状腺手术，切除了右侧甲状腺。这次开学前去医院常规复查，之前一直没事，但这次复查，医生说发现左侧淋巴结有转移，得把左侧甲状腺和淋巴结一起切了。复查的报告是我开学之后才出来的，所以我军训期间就先请假回来了，请到了国庆之后。但是，医生说，过几个月可能还要再回来做一次碘131（同位素放疗）。可是我这次请假回来就已经请了30天，辅导员说一年的假都请完了。我不知道后期如果要请假学校会不会同意？会不会要求我休学呀？害怕！"我立即回复："你好！你的情况我之前只是从刀痕处有所猜想，没好问。此病现在普遍，不必过虑。甚至也有不治自愈的。既然医生建议手术最好还是尽快手术。请假的事要和学校说清楚，相信他们会理解的。要不要休学应当根据学业情况来定，如果因耽误太久学业跟不上那也只能休学。俞敏洪当年也休学了一年。不要太担心，先做好眼下的治疗。"我真的没想到她患病了还一直那么乐观。我和她聊了很久，确认打消了她的顾虑才作罢。我想我能做的也就是在那一刻带给她一点轻松感。这点"轻松感"大约就是"诗"。

其实，生活无所谓诗与非诗，甚至生活大多数时候都不会是诗，即使仍然可以写成诗，但绝大多数都不会是令人陶醉的诗。在非诗的岁月里，我们也要充满希望地生活着。

2018 年 9 月 26 日

校友返校日

教育无非服务，但服务不应止于在校学生，还应延伸到毕业生乃至于他们的子女。办学生喜欢的学校，更不能止于在校学生，尤应努力办成学生终身喜欢的学校，要努力办成连他们的家人也为之自豪的学校。附中年轻，校友多半也还是学生。2011 年首届初中生毕业，至今已毕业九届；2012 年首届高中生毕业，至今已毕业八届。首届高中毕业生中，一部分工作不久，一部分今年研究生才毕业。我知道的有三位女生已做了妈妈，有些刚成家，更多的还是快乐单身。在这样的一所新学校，校友工作似乎还是遥远的事。但附中的毕业生对母校的热爱和依恋是我在以前学校不曾遇到过的。每逢放假就有大批校友返校看望老师，这让老师们非常感动。所以，从有毕业生的那天开始，我们就将校友工作提到议事日程上了。

因为学生来自全市，来一趟学校并不方便且耗时较长，附中周边就餐不便，所以几年前学校决定毕业生回校免费就餐。开始对免费就餐也有不同声音，我只回应了一句"一份盒饭会诱你回到母校吗"，大家就悟过来了。其实，返校人数比较集中的是刚毕业的高中一届学生，往届虽有但比例并不高，只是超过一般学校而已。故可以说，校友返校是附中的经常性工作，不是可有可无的。

一所学校的生命气息和精神气象不仅体现在在校师生身上，也体现在毕业生身上。毕业生也是学校生命体的一部分，所以我们希望有一个类似于校友中心这样的机构和场所来负责和开展校友工作。今年春节前，有早几届的毕业生在我面前流露出对学弟学妹能够用上恒温游泳馆、电影院、独立琴房、功能完善的艺术馆的羡慕，那一刻我萌生了一个想法：安排一个时间，让他们也来游泳、看电影、唱歌、跳舞，弥补"先生"的缺憾。2017年11月，我在草拟示范高中建设规划时，曾经设想在合适的时候举办校友文化节活动，但一直觉得还不到时候。去年寒假期间，有数批返校毕业生回母校做招生宣传，时间不统一，接待很难周到，于是决定开展"校友返校日"活动。这半年多一直在筹划。准备一年集中举办三次，暑假一次规模大点的，全面开放；寒假分别在春节前后举办两次规模小的，主要面向当年的毕业生，方便他们回校做高校招生宣讲。结合课程改革，5月份，学校正式成立了学生发展指导中心（简称"学导中心"），负责指导学生开展活动，此外还有一个重要职能是负责校友工作。学导中心很快进入状态，一方面筹办定于8月18日举办的第一次"返校日"活动，另一方面着手在"智慧校园"构建网上校友中心。我给他们提出的要求是，哪怕一位同学只在附中待一天，也要让他在网上校友中心中找到自己的空间。

建一间实体的校友中心是我长久以来的梦想。我希望有个合适的地方让年轻的校友们大大方方地"座谈"，既不必在老师办公室里站也不是坐也不是，还怕耽误其他老师办公，也可以同伴间无拘无束地畅谈。房子不缺但需要适当装修，更大的问题是装修好了谁来管？人的问题是难办的问题。与其成为摆设不如不要，所以拖到现在还没有这样一个地方。

4月份的某天，与来访朋友聊到校园书店，我说从建校的第一天开始我就希望引进一家书店到校园，我曾经与某书屋聊过，但没做成。特别是建校初期，学生人数少，谁来谁亏本。为什么要建一家校园书店呢？因为附中周边没有一家书店，包括教辅书店，而学生一个月左右才回家一次。

有些来自农村的学生有可能就没到过书店。我希望他们经常逛逛书店，哪怕不买。我到开发区12年，感觉高楼增加了不止十倍，但当年我常去的两家书店全部关张了。2012年莫言获得诺贝尔文学奖的消息，我是在厦大北门外的晓风书屋里得知的。现在那个地方早成了饭店，似乎也是倒闭轮回了若干次，命运并不比书店好到哪里去。偌大一个区域，还有一所两万名学生的大学，居然没有一家书店！朋友一心动，说他可以给我们与新华书店牵线合作，我大喜过望。后新华书店领导专程来访，双方一拍即合。我也不隐瞒自己的想法，我们提供一间200平方米的房子，他们装修布置，其中一半做书店，另一半给我们做学导中心兼校友中心，他们雇了两位店员经营，这两位店员兼任学导中心的管理员。来回几番讨论、报批，放假后终于施工。8月28日，新华书店·悦读时光附中店和学导中心·校友中心同步启用。算是梦想成真。

学校是培养人的地方，传授知识只是培养人的一个方面。学生从学校毕业后，如果师生间的关系真的如我的某位大学老师感慨的"井水不犯河水"，我觉得学校就是客舍。学校是启智的地方，提升学生的智商很重要，但提高情商更重要，而讲感情、懂情感比单纯的情商培养还要重要。如果我们培养出来的学生是不懂感情、不讲感情的一群人，我觉得我们的教育是极为失败的。

几天前，学导中心的杨越老师问我，2014届毕业生永迎说他和振宇、嘉彬三位同学家住得比较远，18日当天中午前赶不到附中参加校友返校日活动，问能否在学校宿舍住一晚。我立即回答"没问题"。17日下午，我见到杨老师说，晚餐和早餐在食堂给他们安排好。我本想给永迎发个信息说一下，但还是克制住了。后来杨老师告诉我说，永迎他们晚餐在外面吃，18日早餐在食堂用。我想也许是永迎他们几位同学在校外聚一下，便没有再问。

傍晚，我在食堂吃饭，瞬间天昏地暗，转眼大雨滂沱。吃好饭后，我和太太继续在食堂避雨，顺便和几位到校看孩子的家长聊天。看着外面的倾盆大雨，我不由得想起永迎他们，便给他打个电话问到了哪里，他说已从漳州港坐上了公交车。我问什么时候到学校，他说可能还要一会儿，他们准备到厦大南门外吃好饭后再过来。我说还不如直接到学校吃饭，外面雨大，中途不便停留，他说太晚怕食堂没饭。我说有饭，我在食堂等你，你们三位是吧，他说两位，嘉彬感冒没来。我说行，等你，他说，好，谢谢校长。原来，他们之所以准备在外面吃晚饭，是怕太晚耽误食堂师傅下班。我很有些感动。我到窗口给师傅打了声招呼，说等会儿有参加明天活动的两位校友用餐，让他们留饭。过了一会儿，我再到窗口，给走过来的经理又打了声招呼。半个多小时后他们赶到了，我和太太一起带着他俩到窗口取饭菜。此时已到了七点一刻，餐厅除工作人员外只剩下我们四人。安顿好他们后，我和太太离开了食堂。到了办公室，我不太放心，又给永迎发了个短信说，宿舍卧具应该都安排好了，如有问题给我打电话。永迎回复：我们住下了，都安排好了，谢谢！

　　昨天我问振宇晚上睡得怎么样，他说非常好，很有穿越感，时隔五年又住到了附中宿舍。当年，他们宿舍是学霸宿舍，永迎考入北大，振宇考入北航，名镜考入北师大，嵘灏考入中科大少年班。现在，永迎在北大读研，振宇在北航读研，嵘灏在中科大读研，名镜去年也被保送到北大读研。如果不是对母校有感情，他们何必冒雨辗转参加这个活动？如果这团感情之火不灭，未来将会照亮和温暖更多的人。这才是教育的意义所在。

　　学生毕业了，他不应当是学校的客人，而应当是学校的主人。一所试图建立现代学校制度的学校，必须要让校友深度进入学校管理，这就是我重视校友工作的根本原因。我也一直在喊文化自觉与文化自信，但如果一所学校的师生对本校的文化甚至设施设备都不清楚，那还谈何文化自觉与文化自信？办学生终身喜欢的学校，可他连学校现在是个什么样子都不知道则何从喜欢？所以我们每年都要举办"校友返校日"活动。

2019 年 8 月 19 日

"寻人启事"

　　2019 年 8 月 30 日傍晚，一场大暴雨将正在操场跑步的我困在看台直至将我逼进洗手间。我先是站在看台前的地上躲雨，接着站到第二级，风雨越来越大，最终被逼到最上面一级。我在那里来回徘徊了一段时间，还给正往操场走的太太打了个电话，让她注意避雨。后因风雨太大，我只好撑伞快速走进主席台下方的洗手间。雨太大，满操场的水，颇有些汪洋恣肆、沧海横流的味道。印象里一眼看去见不到一个人。我穿着跑步的球鞋，有伞也难以抵御狂风暴雨的侵袭。我刚进洗手间，就看到手机上有一条信息，是《闽南日报》的记者陈晓云老师问我两位同学到清华参加夏令营的事。我将知道的情况回复给她，又给高三段长张静老师打电话了解那两位同学参加夏令营的详情，然后再回复给晓云老师。现在我不能准确地算出在洗手间里待了多长时间，但微信记录里能看到微信聊天的时间前后是 15 分钟。

　　百无聊赖之际，暴雨中听到一个声音："里面有人吗？"我赶忙回答"有"并走到外间。一位穿校服的女生走进来说："校长，我有伞，我们一起走。"我说："谢谢！我也有伞。雨太大，我想等会儿。"她说："哦，那再见！"我还没有反应过来，她就背着包拎着鞋光着脚离开了。我很感动，转念想拍张她的背影，可刚出门又被风雨逼进洗手间。我很后悔没问她叫什么名字，而且也没看清她的长相，也忘记留她避会儿雨。又过了很大一会儿，雨稍小，我才不得不学她脱鞋光脚走到食堂。这是我第一次在附中光脚走路，感觉真好。一晚上我脑海里都在回旋一个念头：我得找到她。

第二天上午，我到监控机房去调看录像，监控机房里的同事说，那台电脑昨天遭雷击断电了，有点问题，等恢复后她帮我查。傍晚，炀宾主任传来一段 84 秒的视频，看过后我才知道这女孩儿是专门过去接我的。我想她开始并不知道看台上的那个人是我，只知道有人站在看台，我穿着醒目的红色上衣。她冒雨走到看台的时候，我已经躲进了洗手间，所以她站在看台上寻找了一会儿。我猜想她一定是在很远处发现看台上有人被困，专门冒雨趟水过来。她看不到人转身离开的时候，大概听到了我在洗手间打电话的声音或者凭经验试探性地问里面是否有人。因为雨太大，光线昏暗，视频里也看不出是谁。

因为只可能是高三学生，所以，第三天也就是昨天上午，我到高三办公室，让高三的老师帮我辨认，他们也认不出。张静段长将视频发在群里让大家辨认，大家还是认不出。我对张老师说："找人的任务就交给您了！"昨天晚自习班主任例会后，老师们回班了解情况。直到晚上 10 点，我才看到张老师的微信："姚校长您好，周五给您送伞的是高三 10 班的汤佳煜同学。"佳煜同学我不甚熟悉，一时脑海里想不起来她的形象。但我终于放心，总算找到了。我要当面谢谢她，也要将我的感动、温暖、幸福分享给朋友们。

今天是新学年开学上课的第一天，早晨有个简短的开学典礼，按惯例我要致辞。早饭后我回办公室取讲稿，突然觉得如果有可能给全校师生讲讲这个故事也挺好。所谓"可能"主要是怕天气炎热，讲话时间长了大家受不了。看看手机上的天气预报，七八点钟都是半个太阳，生了一点侥幸，便给张静老师打了个电话说了我的想法，让她通知一下佳煜同学提前到主席台，我要送本书给她。我甚至没来得及提前给主持人义娟老师打招呼。天遂人愿，致辞最后，天上果然飞来一片云彩，我扼要地讲了这个故事，并当众赠书、致谢。我的题词是："佳煜：学校因学生而存在，附中因你们而更美丽！"我还大声谢了她。

就是这个"寻人"的故事，多余的话一点也不想说。

生活在这样的校园我很幸福！

2019 年 9 月 2 日

| 篝火晚会

2016 年 12 月 1 日晚，我们举办了一次篝火晚会。这在附中是第一次，也是我从教以来第二次参加学校举办的篝火晚会。

第二天（12 月 2 日），我发了一条长长的微信：

篝火晚会——台风莫兰蒂送来的礼物！

昨晚，在国际部大草坪上举行了一场篝火晚会，效果非常好！

9 月 15 日晨，超强台风莫兰蒂来袭，厦门倒了 20 万棵树，厦大三个校区倒了两万棵树。附中倒了 20 几棵树，因为扶持、养护及时到位，所有的树都复活了，虽然有十几棵大树被"截肢"。

9 月 15 日后那两天，我一直催促将残枝落叶尽快清理出去。但"洛阳纸贵"，不仅找不到工人，垃圾场也门庭若市，以致拒收"垃圾"。被我催得急，总务处炀宾主任吞吞吐吐地说，找不到垃圾场。我说还有这事？他说要等一个月左右。那一刻，一个念头来了，我说，既然要等一个月，那我们索性等两个月，到文化月的时候搞个篝火晚会。我想了半天，只有国际部草坪可以搞篝火晚会。草会烧掉一点，但"野火烧不尽，春风吹又生"，不怕。然后他们就将残枝堆放在那里。

第12周周五，在安排第13周周计划时，我准备周一开个预备会，好好筹划一下。周六傍晚我和太太转到国际部，朦胧的灯光里隐约看到树林后有两辆卡车，走近一看，装满了树枝。再一看，小树枝全没了，只剩下了一小堆比较粗的树枝。我估计是他们为篝火晚会提前进行了清理，但这点树枝烧不了半小时，搞什么晚会呢？给炀宾打电话证实是他们安排的。他们没有经验，我也不好怪他们。物业处姜经理赶忙跑过来，说拉走了近10车。我说这还搞什么晚会呢，这可是1500人参加的篝火晚会？他说要不再拉回来。我说你们看着办吧。第二天，他们又安排车子给拉回来了。

晚会的安全问题让我几天都睡不好觉。主要担心风向和风速。夜晚的海边，特别是六七点钟的时候，常常有大风。为此，我们做了非常周密的安排。一边点着火，一边停着消防车，消防水龙就接在消防栓上。火场提前烧好，现场拉着警戒线。

八个节目，个个精彩，现场秩序井然。晚会结束时，学生齐声喊：谢谢老师，老师辛苦了！晚会期间，几乎所有的老师和后勤服务人员都在。

我和消防大队的苏队长站的位置算是后台，最边缘，根本看不到演出。我在那里站了100分钟。今天早晨同事传来一张照片，标注：学生拍的"和蔼可亲的校长"。是我和苏队长。

举办篝火晚会是我的创意。说到底是想举办一次令学生终身回味的活动。为了不自找麻烦，我在行政会上强调不保证有第二次。特别嘱咐团委书记杨越老师，要将我的这个意思告诉给同学们。一定要强调是废物利用。我必须坦承，在看到学生高兴的样子，特别是在晚会结束时自发喊出"谢谢老师，老师辛苦了"时，我在心里反问自己：为什么不可以再搞呢！邱云主任在微信中说："莫兰蒂超强台风送来的礼物——附中首届，也许是末届篝火晚会。感谢校长的大胆创意！原本要运到垃圾场的残枝，变成欢快独特的附中记忆。"我留言说："末届应该不会，年年搞比较难。"我的语气没有了之前的坚决。第二天看到学校网站上学生写的新闻，其最后一段是："本次活动加强了师生的情感交流，增强了同学们对学校的归属感、认同感和自豪感。期待明年的薪火相传、群星闪耀。"我突然感到了压力。

这之后，我照常几乎是每天都走过那里一次，晚会的情景总要在脑海中重现。我无法控制自己不去想下一次的篝火晚会，又自然追问晚会的柴火在哪里？我安慰自己：办法总是有的。一个多月以来，我会不时想起这件事。

昨天（周六）傍晚，我和太太一起从学校往家走，走到厦大北门，看到平日遮天的行道树全没了，颇有些诧异。仔细看现场，我估计这些种了四年多已经很高大的南洋楹应该是被移走了。人行道上全是残枝败叶，横七竖八，行人无法通行。那一刻，突然生出一个念头：何不将那些大一点的树枝运到学校，存在那里备用。夜里一觉醒来，还在想这件事，再也没睡着。

上午到办公室，第一件事就是给公用事业局林局长打电话，请他帮忙将这些树枝送到附中。林局说，和施工队有合同在先，他要先了解一下情况，让园林科的辛科长具体办。过了一会儿，林局发来短信，已交代辛科长协调施工队。接着辛科长打来电话，说他已联系施工队，按我的要求办。我说我不要小树枝，要胳膊粗以上的。这可能会增加他们的工作量，我们可以出一点费用。辛科长说不必，已和施工队说好。又说："能为附中做点事，我们很荣幸！"这很让我感动。通话的中间，我就感觉到一直有电话打进来。结束与辛科长的通话，就接到了施工队叶老板的电话，他已安排工人按要求选好后送过来。问我要多少，我说多多益善。我又给总务处炀宾主任打电话，交代他做好衔接工作。这事就这么定了。前后打了九个电话，发了四条短信。

《校长专业标准》中有六个方面，居然有一个方面就是"调适外部环境"，我估计不单是中国特色。学校离不开社会，校长关起门来办学不行。一路走来，附中得到了社会各方面的关心和支持，除了上级领导和业务管理部门，政府和社会其他相关部门也都给予了很多支持。我说将学校与厦大中间的路命名为"附中路"，民政局同意；我说学校门牌号定为 318 号，公安局户籍科同意；我说不让学生过马路乘公交，公交公司就将起点和终点合并，后因终点站改动，又开了学生专车；我说校门口路灯亮度不够，公用局在南门两侧安装了两盏高杆广场灯。类似的关爱很多。附中能有今天离不开社会各方面的关心和支持，此绝非虚言。鲁迅说："无穷的远方，无数的人们，都与我有关。"我无法一一罗列，此处一并感谢！

我也不否认我内心深处时刻装着学生，这是我灵感频现的源泉。从周末讲座、周末电影、新年广场钢琴演奏会、新年师生环校园长跑等等活动一直到这次的篝火晚会、校园涂鸦，大凡是创意活动，绝大多数是我首倡，但最终是全体师生的作品。学生喜欢的，我们就努力满足。同事们为此付出了很多。在附中，帮助学生开展活动全是无偿的。活动越多教师付出就越多。有人说，校长要做"大事"，不要陷入具体事务。我搞不清什么是大事，也不相信一所中学天天有大事。我始终觉得校长要生活在师生当中。我觉得陪伴就是最好的教育之一，之于寄宿制学校尤应如此。校长和教师终日守在学校里，这就是意义和价值，哪怕什么也不干。

2017 年 1 月 8 日

当毕业典礼的大幕
合上之后

当毕业典礼的大幕合上之后，总有相当一部分同学围上来，让我签名留言，和我告别。因为人太多，我只能在毕业纪念证上签个名字。但如果有同学特别提出让我写句话，我也一定遵命。有很熟悉的同学，我偶尔也会主动留言。

附中从 2014 届才开始举行毕业典礼。之前初中三届、高中两届都未举办。原因有两个，一是毕业证总要拖到七八月才能拿到，没什么东西给学生做纪念；二是没有地点。2013 年我参加了儿子的大学毕业典礼受到启发，没有毕业证可以专门印制一张毕业纪念证。2015 年开始又增加了纪念校徽。"纪念"的问题迎刃而解。2014 年春节后，洁行楼、敏行楼投入使用，三号报告厅改作临时舞蹈教室，没有桌椅，八个班学生可以勉强挤进去，地点问题也解决了。所以，2014 届高三举行了附中历史上首次毕业典礼。随后，2014 届初中毕业生也举行了毕业典礼。第一次毕业典礼结束后我有些措手不及，没想到有那么多的同学要让我签名留念，当时连笔都没带。那以后，我都早早地备好笔。每次都要签一个小时左右。

前天上午毕业典礼的大幕还未合上，我就给叶沐晗同学签了名。我给同学们颁发完毕业纪念证和纪念章后，从礼堂的后排向前走，沐晗拿着夏季校服站在那里等着我，让我在衣服上签名。她在附中六年，与我很熟，她心有郁结也会经常找我聊天。她的成绩一直名列前茅，初中曾经有很长一段时间一直排第一。到高中后，成绩有些波动，她的压力一直很大，我给了她很多鼓励和安慰。那会儿，因为毕业典礼还没有结束，我犹豫了一下，但还是在她的衣服上写下了"幸福快乐"四个字并一笔一画签上自己的名字，然后和她握手告别。

回到座位上坐定后，主持人说了几句话就宣布毕业典礼结束。这时，很多学生拥过来找我签名留言。他们排着长长的队，我一刻不停地签字告别，有时还要合影，还不时和走过来的家长拱手告别。礼堂里到处是师生间、同学间的告别场景，抬眼看过去，大家的眼睛都是红红的。

一位下巴上长满胡须的男生排到我面前，我看着他，停下了笔。我问他叫什么名字，他说是8班的叶昌源。我说昌源，我一直想对你说句话。他一脸茫然，不知所措。我说上次高三年级全体师生到黄金海岸踏青，回程时路过一处"陷阱"，你一直站在那里提醒路过的同学小心。我路过时本来要给你竖个大拇指，但有一群人挡住了我，我怕影响后面同学的通行，就匆匆离开并快速过了马路。回程时，10班在前，1班在后。你从8班通过时开始一直站在那里等到最后才离开。我很感动，想拍张照片，但因为在马路对面，太远，只好作罢。后来一直没有找到合适的时机说话。照毕业照时，看到你忙前忙后，我想走过去说说这事，还是没有找到合适时机。此时，我要对你说的话是：我为你自豪！他已经哭得稀里哗啦。我说，我要与你合个影，我一辈子都会记住你。我给他写了一句话：能够帮助他人就是幸福！

林滢同学也在附中就读了六年，平时见面也要打招呼，但几乎没说过什么话。我从一开始就记住了她的名字，因为她在入学前的夏令营闭营演出时跳过舞，我印象深刻。但入学六年中再也没有看到她跳过舞。那一刻，我脑子里跳出一句话：舞出人生的精彩。她说，校长您的记忆力也太好了。我说，我没有刻意要记住，但也许永远都忘不掉。随后喜欢跳舞的韩枫同学、吕雪滢同学过来我都写了这句话。雪滢同学哭得很厉害，我对她说，你的人生一定会很精彩。我说，上高中后，你主动从"六年一贯制"调到平行班，可以看出你也是一个很理性的孩子。有感情，有理性，你人生的路一定会越走越宽。

李云凤同学过来后说，校长得给我签好几份，因为有同学要到外地参加自主招生，已匆匆离校了。我说没关系，都签上。她还特别说，校长还记得杨钰茹吗？我说当然记得。钰茹初中三年在附中就读，成绩一直名列前茅，高中考到另一所学校，是这届"六年一贯制"两个班中唯一一位高中离开附中的。云凤说，钰茹很想回附中看看校长，但因为要到北京参加自招，今天来不了，以后肯定要回附中看望老师的。问我能不能为钰茹签个名，我说当然可以。我写了"常回附中"并签了名。我对云凤说，你最近身体有明显好转。她说已经调整过来了，谢谢校长关心。我又说，你在学校"纪念抗战胜利 70 周年大会"上的发言非常好，我印象深刻。她说谢谢校长鼓励。

这样的情景很多，我已经不能一一记起。有些同学知道这一刻没有机会或者不便多说话，就给我书面留言。像小可同学、文彬同学的留言写得都很长。还有一位不愿意告诉我姓名的男同学对我说，校长我要找您聊几句话，我就在这里等。给最后一位同学签好名后，他走过来，先对我说："校长，我的嘴很臭。"我以为是指他不会说话，便说："没关系。什么都可以问。"他说："不是，我有口臭。"我还是说："没关系。我这两天上火，也口臭。"他说他想做老师，但做老师的母亲和姨夫都反对，他想和我探讨一下教师的职业问题。我和他聊了一会儿，他觉得自己得到了满意的答案，然后愉快地与我告别。

9 日晚自习开始后，和往年一样，我还是习惯性地到高三教室看看。洁行楼三楼、四楼所有高三的教室都是空荡荡的，我有些若有所失。虽然这一切都是注定的，但看到此景还是有些莫名的酸楚。

我在 2015 届的高三毕业典礼致辞中说："今天你们要离开母校，真正的人生也许从此刻才算开始。但愿你们能够用一生的时间来复习在附中所学的那些被应试暂时'尘封'的更有价值的知识，从中找寻人生真谛。从这个角度说，真正通往幸福的大门此刻才算打开。"

2017 年 6 月 11 日

你若自在，
我便宽心

　　刚上高三的致至要出书，我有一种终于等到了什么的感觉。

　　两年前，致至考入厦大附中，中考成绩排名全年级第一。他父亲告诉我，致至喜欢文学，我对他便有了印象。开学后不久的某一天，我给高二学生上那个学期的第一次写作选修课，进门就看见站在教室后面的致至等几位高一的同学。我的课开在高二年级，人数是按教室座位确定的。他是高一新生，没有他们的座位。我说，你们到隔壁教室搬个椅子坐着听，站着听两节课吃不消。这以后他听了我一年的写作课。

　　高一一年有过一些交流，但不记得有几次以及说了些什么。照面几乎每天都会有，点头、微笑、招手、问好。印象较深的是高一学年快结束时我们关于文理选科的两次讨论，在我办公室，每次都在 30 分钟以上。他成绩优异，没有短板学科，这反而给他的选择增添了烦恼。一般像他这种成绩拔尖的学生都会选择理科，因为选理科在高考填报志愿时选择面要宽许多。然而，他热爱文学，迷恋文字的魅力。他希望将来做与文字相关的工作，大学最好读文学院，甚至就是中文系。当然，学理科也可以读中文。而且他自己也觉得理化学得很有意思，丢掉也很可惜。他一时陷入到两难境地。第一次交流时我对他说不要急于确定，还可以再斟酌。我给了他在清华就读的郑凌峰同学的联系方式，让他听听学长的建议，并且我当着他的面给凌峰打了电话做了交代。凌峰高一时成绩也是名列前茅，也喜欢文字，后来读了文科，上了清华。到了决断的时刻，致至又来找我，他父亲也与我商量。致至还是坚持自己的职业规划，我便果断地说，不忘初衷，就学文科吧，毕竟理化要耗费很多时间而对未来希望从事的职业帮助不大。

显然，学文科是他自己的选择，我和他的家长只是尊重他的选择而已。

高二他担任了一年的文学社社长，用力颇多。学习成绩虽未能突飞猛进，但依然名列前茅。我在文学社社刊《观澜》上看过他写的文章，觉得文字功底很好，我有一份特别的欣赏，内心深处有一种特别的期待。

即将付梓的《从何说起》是致至在附中读书的两年里创作的散文和小说的结集。我觉得这些作品是散文以及散文一样的小说。

他的散文，开卷我便喜欢，从内容到笔法。因为篇数不多篇幅不长，我是带着莫名的激动一口气看完的。读《记余父母二三事》时我甚至是眼含热泪的。散文多叙事，极为直白地表达感情，可见强烈的冲突和矛盾。写乡情，写亲情，写友情，情动于衷。写乡情的古朴、平静和爱憎矛盾，写亲情的深刻、和解和平淡，写孤独、压抑中的渴望。及至反复思考死亡，对流浪始终抱有幻想。如其所言，也较客观地写自以为的精神世界。在这些散文里，每一个年龄层次、每一种身份的人都可以看到自己，虽不免五味杂陈，但有一种熨帖的感觉，情感的每一寸肌肤都被撩拨得恰到好处。闭目返思，你很难想象这是中学生的作品。你甚至觉得他对情感、对生活的理解过于深邃，以至于发现传统的溃败，感到生活毫无神秘感。原来世界不过如此，全浓缩在几篇短文里。

我带着同样欣喜和期待的心情开始阅读他的小说。小说占《从何说起》的四分之三篇幅。从《关者》到《茕烛》八篇都是短小说，短到几乎是微型，总是在我以为大幕将启时戛然而止。每读一篇后我都陷入沉思，然后回味。笔法娴熟如流水，情节若隐若现，心理刻画极细腻，全是些让我欢喜让我恨的文字。我说不出它的好也说不出它的不好。分不清是散文还是小说，我说是散文一样的小说。我读着读着就想别的事去了，有时魂灵要走很远。《最后一天》《请让我走过》《婚礼和葬礼》是我能理解的小说的样子，也就是通常所说的故事。从中你会感到作者有较强的结构故事或虚构故事的能力，想象丰富大胆，意识流运用得恰到好处。但情节的跳跃性往往很大，你会突然觉得掉坑里了，要艰难地爬出坑才能看到来路。情节的转化很细腻，行云流水，随心所欲。描写非常细腻，令你想象不出作者的性别和年龄。作品的结局往往出乎我的意料或者不是我希望的样子。这时你便觉得作者是个老手，有老道小说家的手段，玩读者于股掌中。当然，这同时也是缺点，技术主义的痕迹暴露无遗。

读致至的作品，你能想象到他是一个真爱文字而不仅是只爱文学的人，这让我非常激动。在读完《记余父母二三事》后，我甚至要急不可耐地去告诉他，你就去读北大中文系吧。如果北大中文系继续说"不培养作家"，你最好到一所能培养作家的大学中文系去读。我甚至觉得，成为一个作家，致至的表达功底似乎已经足够了，我相信他能够表达好他想表达的一切心思。不管是散文还是小说，作品中有许多灵动神奇的句子，叙事也不乏诗化的语言，让你觉得作者是一位能够熟练使用中文的高手。

我承认我和致至之间是有清晰可见的"代沟"的。我们都是真诚而坦率的，但通过文学理解世界的表现或呈现方式有很大的差异。他和他的作品让我觉得我对今日之青年学生还有一种陌生感。他的作品让我意识到了青年人在现实世界内还有另外一个世界，且不仅是精神世界。不和我们"同框"时，他们也许生活在我们难以准确理解的另外一个世界。透过这些作品，你甚至无法理解他拥有的"生活"是从哪里来的。他是那么年轻！在某些地方，你甚至感觉到他在"卖弄"见识，一般他这个年龄的人无法接触到或感知到的生活居然被呈现在我们面前。生活是多姿多彩的，但展现或呈现什么则往往是有深意的。哪怕是在寻找一种无意义的意义，也需要对生活进行深刻评判。我从作品中分明觉察到了当代少年的烦恼。是对真实的不明朗的人性的怀疑，还是感到青春的迷乱和对理想爱情的憧憬？尤其是其小说，多基于对死亡和现实冲突的思考，展现了作者成长时期不同阶段对生存着和死去之间究竟是如何景况的不同理解，也许是作者对自己青春时敏感脆弱而纯洁的情感的真实记载。对出走和死亡的神秘渴望，表达的也许正是离开恰是归来的一部分。彳亍不前源于对未来抱有幻想，离开或许是为了更好地归来。

　　我相信这些作品花去了致至不少的时光，因为每一篇作品，无论长短，他都精雕细刻过的。我确信它是文学创作而非中学生作文。"苔花如米小，也学牡丹开。"我相信致至为此付出了很多，但我同时坚信他的追求有着无穷的价值。我尤其希望他勿忘初心，爱其所爱，百尺竿头更进一步。生活确实是艰难曲折的，而诗就藏在生活的褶皱中，展开生活我们就得到了诗。实现梦想，困难不在技术而在能否认真地生活。愿致至不仅保持对文字的乐趣，尤其要学会享受生活的乐趣。做个幸福的平凡人，那些犹疑不决便会有确定的答案。

　　谢谢致至的信任！期待致至有更多更好的作品！你若自在，我便宽心！

2018 年 9 月 11 日

学生新书
发布会

　　萌生要给学生出版的新书举行一个发布会的念头是在舒晴的《掌中矩阵》出版后。她的书几乎是不声不响地就出版了。艺潼、森婷的书出版我们早有策划，因为她俩是附中的文艺"名流"（同时又是理科"学霸"），经常有作品发表，结集出版似乎水到渠成。致至的书直到今年暑假才基本敲定。彦辰的书同期出版几乎让我有点意外。在最先拿到舒晴的书后，因为知道将有五本学生著作出版，我便想给他们集体举办一次新书发布会，作为送给这几个孩子的一份特殊礼物，也作为文化月的一个活动。

　　确定举办学生新书发布会后，我就不时听到有人问我：为什么要搞新书发布会？你怎么会想到搞新书发布会？所以，在昨天的简短致辞中我"诗性"地回答了这个问题。

　　我讲了两个故事。

　　第一个是我与厦门市原教科所所长徐报德老师之间的故事。徐老89岁高龄，是我的父辈。我们相识于今年的 10 月 7 日，刚过两个月。但徐老师说我们已相识五年，因为五年前开始，他就经常看我发表在《中国教育报》上的文章，一直想见见我。与徐老师见面的情形我都写在《与长者交，大好！》这篇博客文章里（"与长者交，大好！"是当时汤华泉老师给我的留言）。徐老师看我的书是一字一句地看的。我说我写的东西无论如何是经不起一字一句推敲的。徐老师对我的关注关心似乎没有理由，但其实是有理由的，这就是一位老教育工作者对教育的深厚感情和不舍情怀。在徐老师看来，我是真做教育和做真教育的人，他应该支持，用他的情感支持。所以，我对同学们说，仁厚长者关心后辈是不需要理由的。

第二个故事是我与恩师汤华泉老师间近 40 年交往的故事。汤老师是我和我太太的大学老师，他教我们唐宋文学，也是中文系主管教学工作的副主任。在电话普及之前，我们师生间经常通信。去年，汤老师对我说，他在整理信件的时候发现我给他写了不少信，我说我也有不少汤老师给我的信。前天晚上，我在自己保存的两千封信件中找到了 13 封汤老师给我的信。从这些信中可以看到汤老师对我们夫妇、我弟弟、我大妹大妹夫的关心和帮助。昨天在发布会现场，我先选读了我的另一位恩师项纯文先生于 1984 年 9 月写给我的一封信的最后一段。这几句话从侧面印证了汤老师对我的关心，而汤老师本人并未对我说起过。随后我又选读了 1987 年 9 月汤老师来信中的几句话。从这些信中你能感觉到老师对学生不掺杂有半点杂质的纯真感情。2014 年高考，厦大附中一本达线率首次突破 80%，成绩发布的那天晚上 11 点钟，我将消息汇报给汤老师，夜里 12 点他还送我一副贺联。第二天发短信给我说，晚上有点兴奋，以致血压有点升高。讲完这个故事后我对同学们说，这就是老师对学生的关心，一位年逾古稀的老师对年过半百的老学生的感情，这就是我看到的师生关系，一种近似于天伦的关系。我的老师大多如汤老师，汤老师对其他学生也大多如我。所以我说，老师为学生着想，还需要理由吗？

在厦大附中，最美的风景是和谐的人际关系，是和谐的师生关系。熏陶学生的不只是知识和美景，还有教师的德行。教育只要有真爱，合适的方式和方法总会找得到。

为什么要到厦大来举办这个发布会？我觉得，除了可以更好地感受大学的学术氛围外，更重要的原因是带大家来玩玩，还可以让正在厦大读书的附中校友和老师们见见面，也创造个机会让我们彼此见个面。心里没有校友的学校不可能是好学校，心里不装着所有校友的学校也不是好学校。

关于写作和写作教学，我有很多的话要说，但不需要在这个场合说，因为这里我不是主角，不能占用太多时间。要让位给五位作者和对话嘉宾，他们精彩的对话将会给我们带来启发。

举办一场看似简单不过的新书发布会，其实耗费了巨大精力。在现场我都一一致谢了。然而，最需要感谢的是这五位同学，感谢他们长期辛勤地耕耘带给我们快乐，带给学校光荣。还要感谢他们的老师和家长，没有他们的指导和支持，在这条本不难行的路上他们可能寸步难行。显而易见，五本书同时出版，与学校的氛围有关，更与邬双、培旺等老师的不懈努力和无私付出有关。

在送客人下楼的间隙，厦大宣传部的李静老师找我聊了会儿。她说，为学生的新书举办发布会，说是没有理由其实一定还是有理由。我说是的。简而言之就是两条：一是给他们以鼓励，让这个仪式感十足的活动带给他们终身美好的回忆。另一个是宣传，让我们的同事，特别是语文组的同事，了解到大家辛勤工作的成果；让全校学生分享这份喜悦，让更多的学生喜欢上写作。现在，在一所稍大一点的学校，如果你不有意识地加强宣传工作，老师和学生对学校往往很少主动了解。有不少老师缺乏好奇心，他只关心那本教科书，学校很多地方他也许都未到过。搞个发布会，对让更多的师生了解、理解、关心、支持学校、支持写作有帮助。现在印本书很容易，但你得写出来。很多人一辈子都抄不到十万字，更别说创作。所以，他们应该得到鼓励和赞赏。我曾写过《文化自觉与文化自信》一文，用很大篇幅阐述文化自觉的重要性。没有全体师生的文化自觉，校园文化是不可能生成的。新书发布会本身无疑也是难得的校园文化现象。

对正时髦的中学生生涯规划我持非常谨慎的态度。让学生认识自己，树立理想，全面发展，学有特长，我是赞成的。但要让学生在中学阶段就选定终身从事的职业是非常不负责的，基本也是无效的。经常有相关的机构来推销他们的生涯规划课，我是热情接待、一概拒绝。说烦了就两句话怼回去：一句是你们肯定讲不过我，要讲，何必找你们呢？第二句是，你要我相信瞎子算命绝无可能。所以说，没有必要现在就讨论他们将来要做什么。他们还是中学生，要广泛涉猎，要接受高质量的通识教育。现在喜欢写就写好了，出了一本书就确定将来做专业作家或文化学者还为时过早。韩寒和郭敬明的文字我差不多一点没看过，不好评论，但有一点我可以说，在高等教育大众化的现在，在应该而且有条件求学的年龄还是应该到学校读书。"文章憎命达""国家不幸诗家幸"，从本质上说，文学创作不是一个技术活儿。

五位同学均为高三毕业班学生，三位女生学理科，两位男生学文科。他们分别在文理科的前几名中彼此竞争。昨天上午他们都在安静地参加每周日上午的数学限时训练，吃过饭后才赶到厦大。私下里我对他们每个人都有嘱咐，眼下第一等任务是考一个好大学。新书发布会筹备已有一段时间，但他们前几天才知道，就是不想让他们分神。我本想昨天中午才对他们讲，但因牵涉面较广，无法保密。看得出来，他们也没太当回事。重视写作意识和写作能力的养成，将写作能力作为核心素养之一，在厦大附中，是在建校之前还没有招生的时候就定下来的。在我还没有正式就任附中校长的 2007 年 8 月，在附中还是寨山的时候，我就起草好了附中的发展规划，其中就有这样的表述："在听、说、读、写、算等学习技能的各个领域，坚持较高的学术标准。充分重视校园写作，力求形成氛围和特色，促进学生具备突出的写作能力。有良好的外语基础。"在这之后四个月，附中才有了正式的名称，一年后初中招生，两年后高中招生。

在附中这样一所类学术型的高中，理科很容易自然而然地被强化，因此强调阅读写作非常重要。我希望写作能成为附中学子人人愿为、人人可为、人人能为、人人善为的事。

2018 年 12 月 17 日

附录一
附中之美——让我们记住那些美好的瞬间

2017 年 12 月 14 日是厦大附中建校十周年的日子。本就没准备开展庆祝活动，又何况我们正面临"四大战役"。一路风雨兼程，岂容半点逍遥。"四大战役"是指：创建省文明校园；举行省级教学开放活动；创建省一级达标高中；申报省示范高中建设项目校。这"四大战役"都要在这个月内完成，任务十分艰巨。但是，校庆日是绕不过去的日子。如果这一天就那么寂寞无声，我又怕老师同学们有失落感，故在安排文化月活动时我主动要求在这天做一个讲座。

校庆讲座，主题其实再鲜明不过，特别是由我来讲。所以我决定讲《附中之美——让我们记住那些美好的瞬间》，讲讲那些让我感动、应当永远铭记的校园故事。这些故事在我的博客里大多可以看到，我需要花点时间选择，因为"美好的瞬间"太多。我觉得讲好附中故事至少需要一整天时间庶几可以不留遗憾，两个小时远远不够。我花了更多的时间挑选图片，制作 PPT，以使讲座稍微生动些。所以，准备这个讲座，即使在我已经掌握大量素材的基础上仍然耗费了我很多时间。其间，我一直被这些故事感动着。

在附中，即使是校长做讲座，策划也得靠自己。可以说，自始至终没有一个人主动询问过此事。我反省的结论是，我和大家还是有距离。同事们不知深浅，不敢主动介入。这就是"孤家寡人"的结局。临近讲座的日子，我觉得总得有个海报，于是请同事安排文学社的美编帮助设计，最终由高二1班的陈昱亮同学完成。11日张贴在食堂门口。后来我又觉得应当搞个网络直播以呼应校友对母校的关心，同时也宣传一下校庆。信息中心的几位同事一合计，很快就落实好了方案。怎么才能让校友知道网络直播呢？于是，我又请负责微信公众号的同事做了个启事。一切就绪后，我觉得总得有个主持人吧，开始想请个学生，但这个想法未能坚持下去，最后还是请了永春校助。我交代他，说几句引见一下就行，不必渲染。14日当天，同事欣欣上午就开始调试设备，下午炀宾、绍伟、华振等也早早在礼堂准备。现场及直播一切顺利。我讲了140分钟。开始前，播放了欣欣剪辑的八分钟视频，后来又播放了同事嵘彬剪辑的四分钟视频。我站在舞台上一口气讲到底，没有休息，也没有喝一口水。现场有600多人，看网络直播的最多时达14000多人。

非常奇怪的是，一向厌恶繁文缛节的我，14日凌晨4点醒来后，脑海中总有两首歌在循环播放，一首是《长江之歌》，一首是《今天是你的生日》。早饭后我决定将这两首歌分别作为暖场曲和终场曲。可能我更多的是从学生的角度来看母校，所以我觉得在我的心中，母校就像母亲河长江那样："你从雪山走来，春潮是你的风采；你向东海奔去，惊涛是你的气概。你用甘甜的乳汁，哺育各族儿女；你用健美的臂膀，挽起高山大海。我们赞美长江，你是无穷的源泉；我们依恋长江，你有母亲的情怀。……"这首歌难道不是唱给母校的吗？《今天是你的生日》在这一天这个时刻的这个会场唱起也是最恰当不过了。令我欣慰的是，现场有同学熟悉这两首歌。

从学校回到家，打开手机一看，有一批学生要加我微信。我很少主动加过别人的微信，但那一晚我加了好几十位学生的微信，除非匿名又不打招呼的。微信圈就是人脉圈，不能太大，所以我比较"矜持"。在微信中，我收到了许多同学对母校的祝福。我将那些"成篇"的原文照录于后以作纪念。

我觉得我们要认真研究一下校庆日的纪念活动。

2017 年 12 月 16 日

以下是毕业生给我的短信或微信留言。

附中的几年真的让我感受到了幸福，是一段难忘的回忆。高中阶段几乎没有太多应试的压力，虽然偏科，但是得到了学校很多的帮助，使我扬长避短。最后我考上了中国政法大学，虽然和现在硕果累累的附中高考光荣榜相比无足轻重，但仍然是人生的一个重要转折。后来，我也极力推荐我的表妹上附中，现在她已经是"六年一贯制"的学生了。

在北京面临激烈竞争，所幸附中带给我的礼物犹存：宽容；兼容并蓄；自强不息，止于至善。目前没有走法律行业的道路，在北京创业，也是教育行业。我所在的创业公司已经获得了几轮融资。非常感谢附中，感谢您。时常心存感恩和温暖！

沈锐怡

您讲话的时候弹幕上有人说，只有您一个校长是不说祝你成功而是说祝你幸福快乐的。这句话我深有感触。我想说，因为校长您这么说，让我们更加幸福快乐。我上了大学后还是常常谈起附中，和陈瑾聚在一起的时候也常常聊起当年的生活。我们都觉得附中的孩子上了大学之后都比很多人更加优秀。不单单是成绩，社团工作也好人际交往也好个人的发展也好，都是精彩纷呈的。我们大家都为我们的同学们自豪。我一直觉得这是因为附中一直给我们一个轻松的环境，让我们自由发展自己的兴趣，养成各自独特的性格。然而在我们可能受伤或者走弯路的时候又是老师们那种包容一切的温柔让我们能以最平和的心态度过叛逆期、失意期，成为更加成熟的人。而我觉得这个跟校长的办学理念真的是分不开的。套用别人的一句话，温柔不难，可是温暖却难得。附中对我来说是汇集了所有温暖的地方。温暖的校长影响着温暖的老师，温暖的老师影响着温暖的学生，最终成就了这个温暖的家。真的非常感谢校长在我们人生中最重要的六年为我们创造了一个这样的环境。

您放"做一个幸福的平凡人"这句话的 PPT 的时候，有人在弹幕里写"我们平凡却不平庸"，我特别想让校长您听到这句话。我相信从附中出来的人都会成为幸福的平凡人。在这个过程中附中的生活会成为我们努力的动力，会成为我们难过时的支撑。在附中认识的人们也会成为我们的后盾，最后相信大家都不会平庸于世。我们是附中的毕业生，最后附中一定会因为我们而骄傲的。

姚钰雯

姚钰雯还发了个朋友圈：

两小时的报告，数次的泪目和哽咽，我仿佛回到了那个一开场就止不住泪的毕业典礼。

有一位校长，花甲之年站两个小时不喝水滔滔不绝，讲的不是政治理念不是自吹自擂，只是笑着回忆和学生、老师的各种故事。

有一位校长，把学生送自己的奖状、信件当宝贝似的收着，把跟学生的合照、学生社团的海报以及学生发给他的短信整理得好好的，从毕业好久到刚入学的新生，他们的名字他都能记得。

有一位校长，对学生的祝福从来都不是祝你成功祝你进步，而是祝你幸福祝你快乐。

有一位校长，因为担心学生的安全而直接修了一段台阶，因为怕收碗声影响学生吃饭修了一个收碗间，因为学生们期待着篝火晚会所以专程跑去跟别人收树枝。

有一位校长，学生高考的时候从来都是穿着红衣服相送相迎，能特地去向一个被老师打扰心情的同学道歉，能留意 2000 多名学生的成绩然后去关心他们的压力。

这是我们的校长，为我们创造了南滨大道 318 号这个家的顶梁柱，我们的大家长。他用他的爱和温柔让我们拥有了人生中最幸福快乐的六年。

码字的时候依然哽咽。我多么想现在穿过屏幕去抱一抱校长。

我们最爱的学校十岁了，我们的家已经十年了。它其实还那么年幼，可是它已经足够优秀也足够温暖。

嘿，附中的亲人们，嘿，附中，你们好吗？我想你们了，特别想。

校长好，今天全程看了直播，心潮澎湃。

从图书馆出来 6 点半开始看，去食堂路上凛冽的风刮着手指也托着手机看，回宿舍纵使知道边走路边看不安全也给人不好的印象还是忍不住看，何况还是骑着自行车。

虽然附中只有短短的十年历史，但我真心实意感受到了比百年老校更富有人情味。我们就是来听故事的。比起长篇大论介绍学生成绩、排名来体现学校的成就抑或是晦涩深奥的理念，这些温暖人心的小故事更能触动和鼓舞不管是在校或离校的学生还有老师，甚至还给其他学校以思考。这本身就是一种教育，爱的教育。

大学才是真正索取知识的时候，这里的资源平台才适合做学问。只有当跳出高考紧箍咒，才会切身感受到中学阶段的知识不是最重要的。在这个开始认知世界的阶段对人的塑造更能产生深远影响。中学就是启蒙吧，习惯的启蒙，品德的启蒙。爱的教育，才能让学生更有灵性。在接受基础教育的同时，在蠢蠢欲动的年纪，用爱感化、教育学生，让学生心中充满爱，这才是中学存在的最重要的目的吧。真的很幸运，在附中素质教育并非一纸空文或领导嘴上的外交说辞，而是真正"带着温度落地"。虽然我在附中没经历过如讲座里所讲的那么刻骨铭心的事，但是我切切实实感受到了这个炙热的温度。我相信不少附中人在成就事业后依然会回想起附中往事或多或少给予自己的改变。从学生角度我想说，这所学校现在很成功！感谢姚校长！

高　博

姚校长，您好！我是2016届毕业生蔡毅轩，目前就读于福州大学物联网工程专业。上次寒假有返校跟您聊过一次，不知是否还有印象？哈哈！

晚上我跟很多人一样准时守在电脑前看您的附中建校十周年纪念演讲。真的很开心能够在毕业之后还能听到您的演讲，也为附中的蓬勃发展感到由衷欣喜。我在附中度过了最难忘的六年时间，慢慢看着亦乐园从原来只有几方草皮变成如今的郁郁葱葱，看着附中如同孩童一般成长为如今的翩翩少年。真心地为附中感到自豪。

附中承载了我的许多回忆，有欢笑，有泪水，有我在这里认识的挚友以及对我影响深远的老师们。这里就像我的家，或者说这里就是我的家，南滨大道318号。我始终记得进入校门时您说的那句话：做一个幸福的平凡人。它始终刻在我心里。

很久没有打这么多字了，毕业之后也很久没有写作了，真是对不起培旺老师。希望您能理解我今晚难以平复的心情，有词不达意的地方还请谅解！得知您去上海，有点小嫉妒，希望您以后也能来福州做客！

福州已经很冷了，相信漳州的温度也不高，希望您注意保暖！

最后祝您身体健康，阖家欢乐！也祝附中越办越好！

蔡毅轩

晚上看了讲座的直播，情绪久久不能平复。我实在太想念附中，也太想念您了。我还回想起了初一刚入学时您找我们谈心，讲的是您在大学里的一些琐事，大部分是关于阅读的习惯，现在对比起来，羞愧万分，觉得自己的大学生活还是太过于浮躁，没有目标，有时也会突然警醒，但不久又沉沉地睡在梦里。可能是附中六年太过于甜蜜，让我到现在仍然害怕面对未来，就像填写高考志愿时的心情，虽然憧憬，但更多恐惧。最近反复地品味您所说的"做一个幸福的平凡人"，也读出与两年前不同的感悟——幸福是需要争取的，碌碌无为不是幸福，平凡也不等于平庸。也渐渐品出了您对学生的期待与祝福。这辈子能遇到您是我的荣幸，遇到附中是我的骄傲。想到顾城的诗句，"我会呼吸，像青草一样／把轻轻的梦想告诉春天／我希望会唱许多歌曲／让唯一的微笑永不消失"。写在深夜，多有打扰！祝您身体健康，生活愉快，也祝附中越来越好！

杨铭隽

校长好，昨晚我全程看了直播。好久没有听到您的讲座了。想起2017年6月9日的那个上午，在那个影院级别的大礼堂里，我们在举办着中学最后一个重要的典礼，一向不怎么流泪的我竟然会在会后流下了眼泪。老师、同学们抱头哭泣，找您握手签名，顺带祝愿附中办得越来越好（不知不觉又想回附中了）。上大学后每次附中的回忆都可以刷满我们的QQ空间（今晚的直播观看人数已经14000+了），我们不厌其烦地点赞，室友们也都投来了美慕的眼光。我想学生能够这样地关心母校的人与事的发展应该是附中教育的成功之处吧。

附中三年的教育，虽说只是人生教育的一部分，但这三年让我学会了思考，学会了如何与他人交流沟通，慢慢使自己成为一名"智者"（这个词好像是祝贺时事社成立时您提出的）。偶然的机会我发现阅览室的报纸很多，我认为能够在关心社会的同时积累素材顺便放松心情，便从高二开始每周六下午一有空余时间就到阅览室报到。您曾在博客里说报纸订了现在都没人看了便拿来看，我心里暗自庆幸。

套用今晚您说的一句话：附中最美的不是风景，是人与人之间的关系。同学和老师很亲近。王青平老师让我看到下课跑饭的不止有学生；俞佳老师教会我不要害羞、勇敢和他人交流，不知不觉地发现到了大学我变得更加外向喽，可能是作为班主任的她和我进行多次的沟通的影响吧；黎铃老师讲评作文的时候总喜欢延伸，因为她只想让我们多多了解一些生活道理罢了。还有很多，我也不再列举……

千言万语难以说尽，没多久昨晚直播的视频回放链接又开始刷屏了。附中是我们的又一个家，离开家的我们仍是时刻关注附中的发展。

最后，祝附中生日快乐！祝您工作顺利！

李默颜

哈喽姚校长，我是2016级高三2班的章杨歆。好久不见啦，是真的很久没见面了。上一次回附中已是一年前的寒假。今天正值附中十周年校庆日，推掉所有事守在屏幕前聆听附中的十年故事。在福州这个无风无雨的寒夜，空气温暖而动人，内心波澜澎湃，按捺不住来加您微信啦！很久没回附中了，从各方渠道也看到了学校翻天覆地的变化。从2010年襁褓中的婴儿时期到如今朱颜翠发、生气勃勃的总角之年，您为这个学校和我们一届又一届这么多学生的付出令人感动与感激。附中长久以来的幸福教育对我的人生产生了巨大的影响，一直很庆幸自己在七年前由于对新鲜事物的好奇"不经意"地选择了附中。在每个烦恼无法入睡的深夜，附中记忆都是最温柔的摇篮曲。还有好多好多话想说，今天就先说这么多吧。写了好久，想赶在您入睡之前发送，把我们写进您的梦里。嘻嘻嘻！最后还是要祝您身体健康，工作顺利呀！

心心挂念，寒假一定赶回去见您！

章杨歆

姚校长，昨天晚上给您发了微信的验证消息，10点半看到您通过了，真的很开心！一时间想说的太多但是又无法组织语言，现在想来心里还有点酸酸的。哈哈哈！昨天晚上是我久违的情绪起伏比较激烈的日子。我们一边看讲座直播一边在 QQ 群里感慨，仿佛大家还都一起坐在教室里插科打诨、打闹说笑。毕业一年多了，大家的心还都在一起。

我情商不高，文笔也不是很好，但还是想把要说的话告诉您。我在附中跌跌撞撞度过六年，一年一年自省，尝试改变自己，虽然不够优秀，但是我认为我秉持着正确的人生观和价值观。而这些，都是身边的老师、同学们启发并教会我的。更重要的是，我还遇到了好朋友。这些都是我终身难忘并且想永远珍藏的经历。

我在附中，学习能力提高了很多。英语方芳老师和语文培旺老师都是我的启蒙老师，他们六年来的关心我永远不会忘记。

对于附中，我除了怀念，还有直到现在都不能释怀的遗憾。高三那年我状态时好时坏，甚至最后高考时发烧导致发挥失常，最后来到了哈尔滨一所普通的 211 院校。大一放假我没能回附中，一方面是时间问题，另一方面，我至今还在为没能给附中添彩而感到羞愧。我为接受了附中六年的教育但最后没能交上一张完美的成绩单而感到遗憾。

来到东北，我尽力适应环境和人们相处模式的差异，并且在遇到一些不合理现象和三观差异时坚持自己的想法。我努力学习，提高绩点，尝试规划更好的未来。如果没有附中老师的教导，我依然是小时候那个消极悲观的孩子，擅长阴谋论。是附中教会我乐观上进，改变了我的性格，教会我要"幸福"。

写了很多，没有什么逻辑。希望您不要在意。最后，祝您身体健康，附中越来越好！

黄奕晨

昨天本来还要军训拉歌，可能知道我要看直播就取消了。看着讲座视频大家都在刷屏，心里面觉得当初选择附中真是莫大的幸运。我不知道您知不知道我，但是我相信就算您不知道我，我也因为是附中的一分子而成为了您的学生，您的"孩子"。是啊，在附中实在太幸福太融洽了。因为在这里，我们每个人都成为了学校的主人。高考对我来说是一次相当大的打击，当初本想写封信给您表达我愧对母校栽培的内疚之情，没成想拖着拖着就没了下文。怡滢学姐和我关系很好，她说可以加您的微信。没想到您会回我消息，突然就明白了附中为什么会这么好这么惹人怀念。生命中能有这样一个地方，对我做人做事、学习习惯产生了深刻的影响。昨天晚上最后一波刷屏我发了条说说，我们附中人会自觉地在五湖四海发光发热。谢谢附中，谢谢您！

沈益楠

亲爱的姚校长，不好意思打扰您啦，我是厦大附中2015届毕业生黄培析，现就读于浙江海洋大学海洋技术专业。

毕业两年多了，可是想起附中还是觉得很幸福。在附中度过的三年真的很幸福！这种幸福是满满的要从心里溢出来的幸福。

我曾以为附中教会我的知识、道理以及带给我的幸福仅仅是在那三年。今年我大三，我发现我错了。在附中的三年，我学会了做自己，做幸福的自己，做适度善良的自己，做爱自己的自己。在大学里，我从未为了名利重要还是意愿重要的问题纠结，一直做着自己喜欢的事情，过得舒服坦荡且幸福。我争取好成绩，争取自己喜欢的东西，努力做好每一件事，勇于尝试，喜欢挑战，遇到挫折咬咬牙笑一笑就过去了。我成为了自己想要的自己，成为了自己喜欢的自己。

您和附中一直在让每一个附中人相信自己，做自己喜欢的自己。我们不需要成为一个非常成功的人，做一个幸福的平凡人就够了。正是这让我心里有了满满的安全感，毫不犹豫地退出别人挤破头的名利之争，去做自己喜欢的事。两年多过去了，我也从不亚于身边的人。

谢谢您呐，谢谢附中！也谢谢那时候毫不犹豫选择附中的自己。希望您也是一样的幸福！不对，要比我们更幸福才好。

希望您健康，我们亲爱的姚校长！

最后，祝附中十岁生日快乐！

黄培析

校长您好，没想到校长还能记得 2016 年 6 月 7 日下午的事。那时候您还给我拍了一张照片。附中对我的影响是全方位的，我非常感恩在附中所接受的教育。每年放假都想回附中看看。您的教育理念在我们身上实现了。我们确确实实很喜欢附中，每次关于附中的事件都能够刷屏，附中校友们都十分关注着附中的发展，心系附中。在附中的三年也感受到了家的温暖。就单单您还记得我的这件事，我就觉得被关注到了，感受到来自老师、还有校长您的爱。想起同窗之谊，在视频前如同那位大胡子学弟一样哭得稀里哗啦。万分感谢您这十年来的付出，把附中建设得如此美好，当然这也离不开众多老师的辛勤工作，但是校长您的功劳是要排在首位的。听到校长已经来过黑龙江，如果能够再次前来，我也想请校长试试 HIT 的饭菜。祝校长身体健康！

施　超

附录二
教育无非服务

我的教育行动指南：培育和提升一流的教育服务品质，用合适的教育办学生喜欢的学校。

什么是教育？从逻辑的角度对"教育"下一个公认的定义既不可能也无必要。苏霍姆林斯基说："教育——这首先是关心备至地、深思熟虑地、小心翼翼地去触及年轻的心灵。"教育就是培养人。我们需要什么样的人，希望成为什么样的人，我们的教育就培养什么样的人。很难说，教育就一定能培养"完人"，但教育一定要尽可能回避造就有明显缺陷的人。夸美纽斯认为，"一切生而为人的人，生来都有一个同样的目的，就是他们要成为人，即要成为理性的动物，要成为万物的主宰及其造物主的形象"。因此，教育的本质就是立德树人。而面向本质的学校教育就是要全面服务于人的成长，它的基本功能就是服务。

有很多人不赞成将教育纳入服务业的范畴，认为教育是充满尊严感的崇高的育人事业，怎么能与"服务业"为伍？我认为，教育属于什么行业对于我们从教者来说并不重要，更无计较的必要。这种划分只对咬文嚼字的学者、政府以及社会管理部门才有意义。对于教育者来说，教育就是教育。教育者的作为必定要服务于受教育者的成长，因此说教育是服务，在大方向上完全站得住脚。服务与服务业是不同的概念。一个健康的人，一辈子总是要以不同的方式服务于他人和社会，何况以立德树人为天职的教师。事实上，按照WTO《服务贸易总协定》的界定，教育确属服务业，因为它具有一般服务业的基本特征。

夸美纽斯说："不仅有钱有势的人的子女应该进学校，而且一切城镇乡村的男女儿童，不分富贵贫贱，同样都应该进学校。""人人应该受到一种周全的教育，并且应该在学校里面受到。"只要我们承认并尊重人的生命权利及其固有价值，那么，学校教育特别是由政府举办的基础教育，就应当是不附带任何条件地服务于"人"的健康成长。正是遵从教育的本质，我们确立了这样的教育指南：培育和提升一流的教育服务品质，用合适的教育办学生喜欢的学校。其工作内涵是"服务"，现实目标是"培育一流的教育服务品质"，理想目标是"办学生喜欢的学校"。

一、潜心服务于学生成长是最现实的发展路径

厦大附中的发展定位是"全国有影响力的知名学校"。这个定位是学校的发展目标，也是学校选择发展路径的基本依据，同时也是全体师生尤其是教师的教育理想所在。一流学校必须要有一流教育质量。厦大附中所在开发区户籍人口只有一万多人，对口的四所小学学生人数只有200多人，加上外来务工人员子女可以编成六个班。所以，如果我们只追求"升学率"这个单一结果，则厦大附中的发展是看不到前途的。因此，我们直面现实，形成了两个基本认识：一是将"服务开发区"和"建设知名学校"两大任务有机统一起来。二是转变质量观，坚定自己的价值选择。这个质量观的核心是，要从单纯追求升学质量向全面提高教育服务品质转变，要将培育一流的教育服务品质和服务水平作为我们努力的方向。播种理想，潜心耕耘，视口碑为最重要的评价，努力做最好的自己。

没有一流生源，可不可以有一流的师资？能不能建成"知名学校"？

我的回答是肯定的。不同的生源可以决定学校的管理风格和教师的教学风格的不同，但不能决定教师的教育水平和研究能力的高低。教师的专业成长是可以建立在不同类型的生源之上的，与什么样的学生没有关系。学校何以知名？根本在人，主要在教师，看教师能培养什么人、培养了什么人。厦大附中建设一流学校的征程不能等到什么时候有了"一流"生源再开始，这一天是等不来的。所以，即便升学质量暂时还不高，学校仍然可以在提高升学率、提升办学能力以及办学水平上有所作为。因此，我们提出了要培育一流的教育服务品质，并且将一流的教育服务品质视为教育质量的最高境界。我们认为，所有教师都希望得天下英才而教之，这在情理之中；而所有学生都有平等接受教育的权利，这是法理规定的；同时，所有的学校，只要它还在为一个学生服务，就有存在的理由。我们要从教育的本质出发来形成这样统一的认识：只有能为所有学生提供合适的教育服务的学校才能算是好学校。

强调"一流的服务水平和服务品质"与强调"一流的升学质量"有着明显区别。首先在于，前者的评价指向学校和教师，后者的评价指向学生。其次在于，前者是面向全体的教育，即要让不同基础的学生都有不同的提高，不同的学生通过学校教育都能获得全面、健康而自由的发展，都能从教育中得到幸福快乐；后者则不然。提倡追求一流的服务水平和服务品质在现阶段的特殊意义在于，可以使教育回归其本质属性，使所有的学校都有存在的价值，使所有的教师的所有教育行为都有意义，使所有学生都能认识到接受教育的必要、获得教育的快乐，身心在教育中得到健康成长。学校应当是快乐的源泉，而非痛苦的渊薮。当学生、教师、学校等方面的积极性都调动起来了，教育质量的提升也就成为必然。

真正的好老师是对教育本质有着深刻理解的教师。没有一个教育家仅仅是因为培养几个拔尖人才而成"家"的。有教无类是普遍原则，如果仅通过毫无原则地"择生"以达到所谓的教育成就，这样的老师充其量算一个合格的教书匠，这样的学校最多算是一个"高考工厂"。教师要立志成为学生健康成长过程中的"关键他人"，要为每一个学生提供一切必要的帮助，让每一位学生沐浴教育的阳光、品尝智慧的甘露。所以，每一位教育工作者都是责任重大，都大有可为。能够为各种类型的学生提供必要而合适的教育服务就是名副其实的好学校。

我们首先要说服的是自己。真正强大的人不是能够控制别人的人，而是在任何时候都能管住自己的人。智慧之大小，往往不在知识之多少以及能力的大小，更在于是否有远大的目光、强大的价值选择力和坚持力、克服困难的毅力。只有在今天我们做到了别人想做而做不到的事，达到别人想达到而未达到的高度，明天才可能拥有更多的成就和幸福。因为有着得天独厚的优势，从零开始的厦大附中完全可以建成优质学校，关键看"创校者"能不能"扛住"暂时的困难。我们完全可以不必纠结于升学质量而依然有所作为，也即努力以一流的教育服务水平和服务品质，面向教育本质，为学生全面的可持续的发展奠定基础，办学生喜欢的学校。只要潜心苦干，不断捕捉、珍惜，不放过每一个发展时机，则终有腾飞之日。这就是实事求是。

二、培育一流的教育服务品质是崇高的发展目标

只要承认教育是一种服务，那就存在服务质量问题。教育质量与教育服务质量有着不同的内涵。教育质量往往较多关注对受教育者的成长状况的衡量，也即质量高低在很大程度上要看我们培养出什么样的学生；而教育服务质量，虽然也要参照对受教育者的评价以及受教育者的自身感受，但更多的是对服务品质自身的评判。教育服务品质就是指在办学条件、师资队伍和校园文化，包括办学理念、育人目标、制度建设以及课程提供诸方面所体现出来的服务水平和服务质量。强调的是"教育产品"、教育服务类型以及多种可能性的提供，有着某种独立于服务对象（学生）的内在特性。通俗地说，我们也许暂时还拿不出来骄人的升学成绩，但我们具有高质量的优质教育服务品质，能够为具体学生的全面发展提供一切所需。

这种"服务质量"不仅表明学校未来可以有不俗的升学质量，尤其表明，面向教育本质的学校教育，能够关注学生的现实快乐，促进学生全面健康发展。

怎样的服务品质才算是一流的？我认为，只有当每一个学生的价值选择都得到充分尊重、每一个学生的人生理想都有腾飞的平台，这样的教育服务品质才能算一流。一流的服务水平和服务品质的外在标志是"信任"。要让学生和家长信任老师，信任学校，今天信任，明天还信任。一所让社会、家长、学生信任的学校必定是学生喜欢的学校，也可以说是一所好学校，同样可以肯定地说是真正一流的学校。

我们提倡培育一流的教育服务品质，并不意味着要无原则地迎合各类人的全部需求。教育服务要讲究原则，这个原则的核心是教育规律和学生身心健康发展的规律。无原则的迎合表面上看是服务品质之极致，实际上是以牺牲学生的长远利益和大多数人的根本利益为代价，是一种短期行为。有原则的服务是在尊重规律的前提下，优化现有资源配置，实现长远利益和大多数人利益的最大化，从而从根本上保障人的可持续发展。教育服务是以公平为前提的公共服务，不应受制于一般市场交换规则。教育生态是所有人的生态，不能为少数人的利益而使生态恶化。只有当对教育服务品质的追求成为学校工作的常态时，教育才能摈弃功利主义，才能回归常识，指向本质。这才是学校发展的崇高目标。

三、提升教育服务品质，在实践中诠释教育本质

教育服务品质的内涵主要表现在三个方面：硬件、师资和文化（办学理念、育人目标、制度建设以及课程提供等）。由于世俗习惯的影响以及教育测量和教育评价的科学化水平不高等原因，我们往往直接将生源质量视作教育质量的构成要素。如果要在短期内快速提升升学质量，则生源质量几乎可以排到第一位。当然，一般而言，生源本身也是很重要的教育资源。但是，如果用一流的教育服务品质来衡量教育质量，则生源质量就不

必列入评价。换言之，生源状况不应影响服务质量。从教育本质上说，生源质量不应成为教育质量的构成要素。

1. 建设服务型校园是保证服务品质的基础

厦大附中校园，就其精神实质而言，其特点是"建筑服务人"，是服务型校园，不是管理型校园。通俗地说，这个校园很难管：一是有太多的自由空间和共享空间；二是没有一幢楼、一个楼层可以锁闭，学生在课余时间可以自由地到达任何地方。一切都尽可能服务于学生的成长，很少考虑管理的难易。譬如，将足可以建造一块100亩以上的大广场的面积分割成多处休闲场所，学校虽因此少了些气派，增加了管理难度，但学生拥有了无处不在的休闲和自由读书的场所。主校门内小广场只有200平方米，但学生公寓区的九思广场面积超过2000平方米。两栋教学楼的总建筑面积近两万平方米，但只建了85个标准教室，其中一半以上的面积是共享空间。错落，是教学楼的一大建筑特点。经常有人问我：教学楼一共几层？我的回答是：三四五六层。为什么？因为三层、四层、五层、六层都有。三层平台或屋顶就是四层活动场所，余皆类推。六层没有教室，是架空隔热层，也是休闲观光层。楼体一改火柴盒式的直线条，全是曲曲折折的，一到两个教室就要拐一个弯。拐弯处就是一处活动平台。三层以上，沿走廊建有空中花坛，还有几处是大花坛。图书馆有些走廊空间比临近的室内还大。建筑面积近三万平方米的学生公寓只有540间房只可住2200人，因为有大量建筑面积用于公共休闲。

人性化的建筑只是建设服务型校园的基础保障，要使"建筑服务人"真正落到实处，还需要人力、物力、财力的充分保障。漳州招商局经济技术开发区管委会（下称管委会）高度重视教育，对厦大附中的发展提供了巨额的经费保障，生均教育事业费和公用经费远超过全省平均水平。从2008年建校开始，厦大附中初中部就实行完全的免费教育，连学生使用的教辅材料也由政府买单。从2014年秋季开始，开发区实施自幼儿园到高中的15年免费教育，开启了高中教育免费时代。因为有充足的公用经费保障，教育教学活动的规范、品位、品质得以保证。教育的理想国就应当是阻断师生间任何经济利益往来、不带有半点铜臭味儿的"君子国"；最高品质的教育服务应当是无偿服务。

2. 师资质量是服务品质的核心

管委会尊师重教，实行专家治校；组织人事和教育行政部门简政放权，使学校拥有较大的人事权。八年招聘教师，领导不打招呼、不写条子，相关部门不干涉，学校恪守原则、用人唯贤，引进了一大批优秀的在职教师和重点大学的应届毕业生。教师福利待遇不低于厦门特区，在开发区还专享最高达 21 万元的一次性教师购房补贴。这不仅解除了生活之忧，更重要的是从根本上保障了教师的人格尊严。只有充满幸福感和尊严感的老师才能培养出同样的学生；只有高品位的教师队伍才有高品质的教育服务。

教育活动的主导者是教师，师资是决定教育服务品质高低的关键因素。关于"人"的教育，一定离不开人，无论现代科技是多么发达。校园文化建设的核心是人，而教师是在文化建设中起决定作用的人。校园文化中最重要、最稳定的因子是师资，是教师素养。教师是校园文化的直接参与者和引领者，学生参与校园文化创造离不开教师的启迪和引领。就特色立校而言，教师素养的独特性决定着学校的独特性，只有与众不同的教师才能办出与众不同的学校。换言之，教师素养是最不易被"偷"走的校园文化，也是最不易被复制的办学特色。作为教师群体自身，以特色立校，要在提高自身素养上下功夫；作为学校，以特色立校，要在加强师资队伍建设上下功夫。有没有特色，说到底就看你有没有足以支撑特色发展的师资。

"教师生活在学生中"是厦大附中一个突出的办学理念。实行寄宿生早、晚自习和周末自习教师督修制，始终有老师陪伴学生，以便及时帮助学生解决问题。几乎所有老师每天至少在学校餐厅与学生共同就餐一次；几乎每天下午课后，都有师生共同参与的活动；每个晚自习前，绝大多数班主任、任课老师都在教学楼与学生谈心；几乎每一位班主任都有陪同学生到医院就医、大多数老师都曾有过帮助学生"代邮""代购"的经历。更有一批"成长导师"，他们与学生的交流更为频繁、深入。可以说，厦大附中老师是当今社会最专注于事业的教师群体之一。在校园，你随处可以听到"老师，您好！""同学，您好！"的声音，师生关系是一种亲人般、朋友般的和谐关系。

厦大附中制定了《教师专业成长实施方案》，用制度保障教师专业成长。通过校本教研、课题引领、同伴互助、师徒结对和"推门听课"等措施助力青年教师成长。基于终身从教的教育艺术追求和专业成长规划成为绝大多数老师的自觉行为。教师习惯用专业化的思维审视教育教学的每一个环节，探求教育的科学化和艺术化，力求理论联系实际，努力实现"为人的教育"，办学生喜欢的学校。

3. 让服务成为文化追求

早在建校之初，学校制定了《厦门大学附属实验中学四年发展规划（2008—2011）》。其中对学校的远景奋斗目标是这样描述的："把学校建设成一所具有文化竞争力的现代化的有特色的学校，其主要特征是，有探索现代教育的历史使命感和社会责任感，有改革传统教育弊病的理论勇气和实践魄力，有探究和遵循办学规律的科学精神和人文精神，有表征学校教育现代化的原创性改革成果和特色经验。实现远景目标的显性标志是在中国基础教育的若干领域，厦大附中的探索为多数人所熟知并认同。"在这个基础上，我们提出"用合适的教育办学生喜欢的学校"的主张。"用合适的教育办学生喜欢的学校"，这里面既有对教育本质的强烈呼应，也有对学生的充分尊重，体现了学校教育服务学生成长的宗旨。

学校坚持把"以人为本，以德育人，自立立人，和谐发展"作为核心办学理念，努力创造适合学生自我可持续发展的教育。努力处理好教育平等与差异教学的关系，建立和谐课堂，提高教学有效性，逐步探索出一套行之有效的教育思想和管理方略。主要体现为以下"八观"：①教育观：在遵循普遍价值观的前提下，实现教育对人的起码尊重。承认生命的固有价值，提倡适度教育，实施"人道的应试教育"。关心每个学生，促进每个学生主动地、生动活泼地发展。尊重教育规律和学生身心健康发展规律，为每个学生提供适合的教育。关注学生的现实快乐，营造和谐幸福的校园生活氛围，致力于为学生的终身幸福奠基，勉励学生做幸福的平凡人。②教师观：明确教师乃立校之根本。强调激发教师的智慧比制度建设还重要，而制度正是用来保障教师的教学自主权。倡导教学民主，不搞"明星制"，珍视批判精神，直面教育本质。从互信和唯美的视角来建构多维关系，在单纯和谐的人际交往中，享受专业化的生活乐趣。规划基于终身从教的专业发展，将最好的论文写在课堂上，在实践中获得专业成长。努力保持人格独立和精神超越，办有尊严的教育。③学生观：学校因学生而存在。在学生培养目标上，强调素质为本、多元发展。教学设备及活动场所全天候面向学生开放，一切为了学生。④课堂观：尊重学生的客观差异和选择权，反对"为了考试"的课堂，不追求"高效课堂"，强调师生相伴共处的意义，营造开放式高效率的课堂文化。⑤质量观：一流的教育服务是教育质量的最高境界。培育一流的教育服务品质，服务于"为人的教育"，让不同的学生都能从中获得帮助并取得进步。⑥文化观：倡导"我即文化"的理念，确立校园文化建设的核心是人的基本认识，强调对制度的敬畏是最严肃的校园文化，努力提高全体师生的文化自觉性和文化自信心，不断挖掘文化兴校的潜力。⑦活动观：学生活动是课程，学校活动是全校师生同上的一堂大课。⑧环境观：自己的垃圾自己处理，追求零垃圾的校园生活。

经过六年的发展，学校的特色立校在三个方面取得明显成果：一是以生为本的全人教育，使素质教育得到全面推进；二是以"六年一贯制"创新后备人才培养为平台的"英才教育"，得到社会初步认可；三是以海峡部为先导先试的跨境教育已经开启教育国际化的序幕。在不断践行"八观"的教育实践中，学校已形成"敦品、励学、笃志、尚行"的校风，

"严谨治学、精心育人"的教风和"尊师守纪、勤奋学习、生动活泼、全面发展"的学风。学校办学水平和教育质量稳步提升，知名度和美誉度快速提高，逐渐形成办学特色鲜明、文化特征显著、质量全面优质、服务能力强的学生喜欢、家长信任、社会认可的学校。

本文发表于《福建教育》（中学）2015年第4期；收入拙著《让教育带着温度落地》（华东师范大学出版 2017年1月出版）

后　记
发现故事

本书是我奉献给附中人的一组赞歌。

教育主张一定根植于某种教育哲学。现今时代迫切呼唤新的教育哲学，需要一种基于建设全球命运共同体之上的教育哲学。厦大附中是一所具有独特文化理解和坚定文化追求的学校。我们的文化价值观和教育主张的建立基础是人的成长规律和教育规律，我们的价值选择充分尊重人的现代意义。"以人的健康成长为核心"是我们遵循的教育哲学。我们努力用一流的教育服务品质办学生喜欢的学校，通过人道的应试教育努力让教育更加尊重生命，以奋斗成就幸福的平凡人。

有价值、有生命力的理念从来不是抽象的，它是一群人和一个个故事。如果没有故事，没有人和事，理念就是空谈。当所有的故事都指向一个主题时，这就是所谓的理论与实践相结合，有价值的理念才会真正生成。只有"教育学家"才会长篇大论连篇累牍，真正的教育家从来就是讲故事。我更愿意向教育家学习。发现故事是校长的责任。"好的故事就是教育，就是教育素材，就是校园文化。优秀教师就是有故事的老师，校园文化更多的就是一个个故事。我一直在搜集故事，记录故事，回放故事。自然，我往往也是故事中的'人'，我从故事中体会到了教育的价值，感

受到了育人的意义。"［引自拙作《文化建设离不开讲好校园故事》，载于《福建教育》（中学）2016年第Z2期］

　　作为创校者，我从一个人一座滨海荒山走来，因而有机会记录那些编年式的学校发展节点。毫无疑问，我正是这样做了，留下了30本建校日志、工作笔记和数万张照片。然而，我将更多的笔墨和心思花在"人与事"的记录上。12年来，我在个人博客上发表了近800篇共计250万字的教育随笔，其中有200余篇属于"校园故事"。正因为"教育无非服务"是我的教育行动指南，所以我所记录的校园故事几乎全部围绕"服务"。那些令我感动的或让我歉疚的所有关于"服务"的精彩故事我都会尽力记录下来与读者分享。我有一个重要的管理理念，这就是"我在现场"或者说"关键时刻有我"，所以，"文中有我"是我的教育随笔的特色之一。我说的"发现故事"不是一般意义上的"采风"，不是我找到了故事而是故事找到了我，也即我在故事现场。我也许就在故事中，也许是站在故事边上。我是作为亲历者在讲述，而非道听途说地转述。

　　收录在本书中的59个故事，最早的发生在2011年，但绝大多数是近三年的故事。这一方面是因为前期的故事中精彩的已经收录在拙著《让教育带着温度落地》《安静做真实的教育》中；另一方面是因为近几年我先后在《福建教育》开设"姚跃林侃校园故事"专题、在《教育时报》开设"教育无非服务"专题，写了较多有关"教育无非服务"类的校园故事，这已经成为了一种专业自觉。我笔下的校园故事绝非应付差事凑数而为，而是内心深为感动、深有感触后的倾情写作，没有虚情，没有废话，全部是从我心中流淌出来的。作为厦大附中的创校校长，作为一位融入全部感情的讲述者，我希望附中人能够了解这些故事，并且通过这些故事了解附中的过去和现在，憧憬附中的未来，进而理解中国教育，感悟世态万象。其实，每个附中人都有自己的附中故事，这些故事都有不可替代的独特价值。我一直倡导老师们撰写亲历的教育故事，也曾在师生中开展过"附中故事"的征文活动，但成果并不丰硕。这也是我愿意出版本书的目的之一，以博引玉之功。

遗憾的是，我无法将所有的故事呈现在这里，而生活本身也许比故事还要精彩。作为校长，我是一个严格遵循写作伦理的讲述者，不是所有生动的故事我都写，也不是所有具有教育意义的故事我都写。我必须坦承，有些更震撼人心的故事我留在心底或者只写给自己看。这正是教育的复杂之处。它要对学生的终身负责。这里的"学生"指的是所有学生，也是每一个学生。正如史铁生在《我与地坛》中说的："要是有些事我没说，地坛，你别以为是我忘了，我什么也没忘，但是有些事只适合收藏。不能说，也不能想，却又不能忘。"我愿意将这些故事"出版"在我的心里。想想这其实也是非常美好的事。

感谢我的同事和学生！谢谢演绎精彩人生的附中人！谢谢华东师范大学出版社和大夏书系！本书是我在大夏书系出版的第四本书，我忽然觉得自己成了"大夏人"。"传承教育经典，传播教育常识"，与大夏同行，汇聚中国教育改革和发展的积极力量，我觉得自己正是"幸福的平凡人"！

图书在版编目（CIP）数据

教育无非服务 / 姚跃林著 . —上海：华东师范大学出版社，2020

ISBN 978－7－5760－0333－8

Ⅰ . ①教 ... Ⅱ . ①姚 ... Ⅲ . ①教育—文集 Ⅳ . ① G4-53

中国版本图书馆 CIP 数据核字（2020）第 059199 号

大夏书系·教育常识

教育无非服务

著　　　者	姚跃林
策划编辑	朱永通
责任编辑	杨　坤　韩贝多
责任校对	殷艳红
封面设计	奇文云海·设计顾问

出版发行	华东师范大学出版社
社　　　址	上海市中山北路 3663 号　邮编　200062
网　　　址	www.ecnupress.com.cn
电　　　话	021－60821666　行政传真　021－62572105
客服电话	021－62865537
邮购电话	021－62869887　地址　上海市中山北路 3663 号华东师范大学校内先锋路口
网　　　店	http：//hdsdcbs.tmall.com

印刷者	北京密兴印刷有限公司
开　　　本	700×1000　16 开
插　　　页	1
印　　　张	16.5
字　　　数	228 千字
版　　　次	2020 年 6 月第一版
印　　　次	2023 年 3 月第三次
印　　　数	8 101–10 100
书　　　号	ISBN 978－7－5760－0333－8
定　　　价	49.80 元

出版人	王　焰

（如发现本版图书有印订质量问题，请寄回本社市场部调换或电话 021-62865537 联系）